[世界社会主义五百年历史人物传略]

高　放⊙主编

鲍狄埃

巴黎公社革命活动家

『国际歌』作者

徐浩然　王　毅⊙著

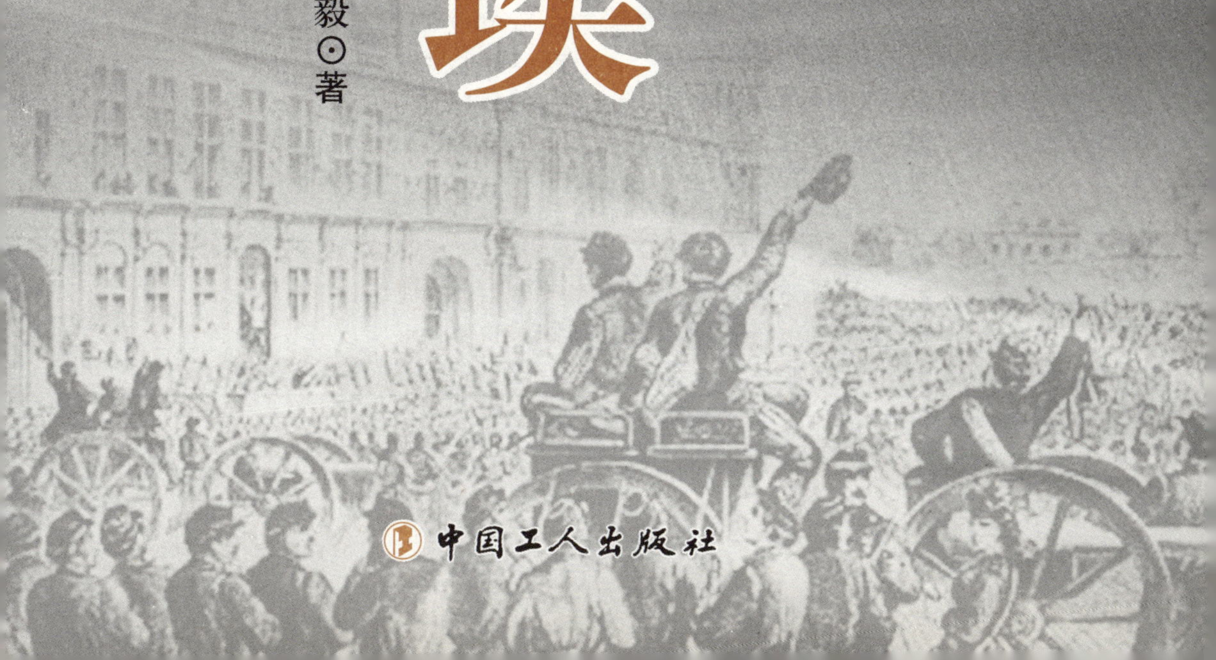

中国工人出版社

图书在版编目（CIP）数据

鲍狄埃 / 徐浩然，王毅著.—北京：中国工人出版社，2014.9
（世界社会主义五百年历史人物传略）
ISBN 978-7-5008-5913-0

Ⅰ.①鲍… Ⅱ.①徐… ②王… Ⅲ.①鲍狄埃，E.（1816～1887）– 传记 Ⅳ.①K835.657=4

中国版本图书馆CIP数据核字（2014）第208156号

世界社会主义五百年历史人物传略——鲍狄埃

出 版 人　李庆堂
责任编辑　王　璇
责任校对　孙逌伟
责任印制　栾征宇
出版发行　中国工人出版社
地　　址　北京市东城区鼓楼外大街45号　邮编：100120
网　　址　http://www.wp-china.com
电　　话　（010）62350006（总编室）　（010）62005039（出版物流部）
　　　　　（010）82075935（工会与劳动关系分社）
发行热线　（010）62004002　（010）82081553（传真）
经　　销　各地书店
印　　制　三河市文通印刷包装有限公司印刷
开　　本　700 毫米 × 1000 毫米　1/16
印　　张　13.25
字　　数　230千字
版　　次　2014年10月第1版　2017年8月第3次印刷
定　　价　36.00 元

学习革命先辈典范　增强社会主义信念

——《世界社会主义五百年历史人物传略》丛书序言

高　放

中共中央总书记习近平同志于 2013 年 1 月 5 日在新进中央委员、候补中央委员学习贯彻党的十八大精神研讨班上的讲话中，从历史和现实的角度谈到坚持和发展中国特色社会主义这个重大问题时，这样说道："从提出社会主义思想到现在，差不多五百年时间。"他在讲话中精辟地概述了近五百年来社会主义思想发展的六个时间段及其代表人物。习近平同志的这次重要讲话，引起了全党、全国人民重视学习世界社会主义五百年的光辉历史及其经验教训。

中国工人出版社于 2013 年 5 月就开始策划要出版一套《世界社会主义五百年历史人物传略》丛书，作为《中国工运历史人物传略》丛书的姊妹篇，便于广大职工、工会干部和各方面各界别读者通过历史人物的具体形象和生动事例来较为系统地了解世界社会主义五百年的风雨历程和宝贵启示。出版社邀请我担任这套丛书的主编。我自 1949 年 3 月北京和平解放后两个月，就提前结束了解放区华北大学历史研究室研究生的学习，随华大队伍从河北正定迁进北京，给我的导师何干之教授当助手，担任学习助理员（助教)，辅导新学员学习社会发展史等课程。自 1950 年中央人民政府以华大为基础创办中国人民大学起，我一直从事世界社会主义历史、理论和实践的教研工作。改革开放以来主编过《社会主义思想史》、《国际共产主义运动史》、《科学社会主义的理论与实践》、《社会主义大辞典》等书，出版过《社会主义的过去、现在和未来》、《社会主义在世界和中国》、《马克思主义与社会主义》、《马克思主义与社会主义新论》、《国际共产主义运动别史》等论著。对世界社会主义五百年来的各类历史人物是较为熟悉的。我深感出版社策划出版这套丛书是很有眼力胆识、很有现实意义的，所以慨然应允。我以远超耄耋之年，病弱之躯，甘愿为主编好这套丛书克尽绵力。

什么是社会主义？简而言之，我认为社会主义是旨在减免资本主义剥削压迫、争取劳动人民福利权益、实现劳动人民当家作主的社会思潮、社会运动、社会制度和社会形态。依我管见，世界社会主义五百年是包括社会主义思想的飞跃、社会主义运动的转变、社会主义制度的演进和社会主义革新的拓展这样四个波澜壮阔的历程。这四个历史进程既是依次递进，又是后者涵盖前者。五百年来的世界社会主义历史波浪起伏、跌落升扬，亿万群众前仆后继，继往开来，其间造就涌现了一批又一批、一代又一代社会主义思想家、理论家、活动家、革命家、政治家、组织家、宣传家、改革家。他们感悟历史进步趋势，认知社会发展规律，反映群众要求，代表群众利益，以其个人的智慧、能力和言行，为世界社会主义事业做出了独特的突出的贡献，理应为他们树碑立传，谱写他们非凡的事迹，描绘他们生动的形象。这样便于我们以人为镜、以人为鉴、以史资政、以史育人。世界社会主义历来有各种流派，我们只选定在五百年历史长河中在全世界或某地区起过最先进、最有创新作用的人物 25 人，分为 20 册传略出版。每册控制在 10 万字至 15 万字之间，都不是孤立地写传主个人，而是包括与之相关的人物，都提炼出一两句最能凸显这个人物历史地位和作用、最具概括性和吸引力的词语作为书名。我精心设计的书名如下。

第一册，乌托邦社会主义首创者**莫尔**；

第二册，第一批社会主义者，三位“最伟大智士”**圣西门、傅立叶、欧文**；

第三册，科学社会主义和世界社会主义始祖**马克思**；

第四册，科学社会主义和世界社会主义“第二提琴手”**恩格斯**；

第五册，巴黎公社革命活动家、“国际歌”作者**鲍狄埃**；

第六册，国际工人运动活动家、德国社会民主党领袖**倍倍尔**；

第七册，父子两代社会主义革命家**威廉·李卜克内西和卡尔·李卜克内西**；

第八册，世界第一个社会主义国家苏联缔造者、世界社会主义开拓者**列宁**；

第九册，苏联社会主义革命家、教育家**克鲁普斯卡娅**；

第十册，国际工人运动活动家、德国共产党创始人**卢森堡**；

第十一册，苏联社会主义建设领袖，国际反法西斯战争统帅**斯大林**；

第十二册，意大利共产党创建人、共产国际时期独立探索者**葛兰西**；

第十三册，国际反法西斯斗争先锋、共产国际总书记**季米特洛夫**；

第十四册，国际工人运动活动家、国际妇女运动领袖**蔡特金**；

第十五册，国际反法西斯战争先锋、西班牙共产党中央主席**伊巴露丽**；

第十六册，南斯拉夫共产主义者联盟中央主席、自治社会主义试验者**铁托**；

第十七册，美国社会主义探索者、美国社会党创始人**德布斯**和美国共产党创始人**福斯特**；

第十八册，拉丁美洲社会主义探索者、秘鲁共产党创建人**马里亚特吉**和古巴革命英烈**格瓦拉**；

第十九册，国际工人运动活动家、日本社会党和共产党创始人**片山潜**；

第二十册，越南共产党缔造者、越南社会主义奠基人**胡志明**。

从以上设计来看，这套丛书涵盖了世界社会主义发展四个阶段、欧美亚国家最有代表性的社会主义历史人物。其中有夫妻一对都是革命家的列宁与克鲁普斯卡娅，有父子两代都是革命家的李卜克内西，有四个革命家还是烈士，即卢森堡、卡尔·李卜克内西、克鲁普斯卡娅和格瓦拉。我执意挑选出四位女革命家：蔡特金、卢森堡、克鲁普斯卡娅和伊巴露丽。这套丛书没有选入中国历史人物，这是因为中国工人出版社已于2012年出版了一套包括李大钊、陈独秀、毛泽东、刘少奇等在内的《中国工运历史人物传略》丛书。

这套丛书由我和出版社分头约请中国人民大学、北京大学、中共中央党校、国家教育行政学院、浦东干部学院、浙江工商大学等单位的老中青学者分别编写。其中有四位作者是我指导过的博士研究生，其余大部分作者都听过我讲课或者读过我的著作，对我的学术思想较为了解。2013 年 9 月 12 日中国工人出版社约请在京作者 10 人召开组稿会。我讲了编写这套丛书的基本要求。经过大家共同讨论，我们明确了写作与出版这套丛书的目的是帮助广大职工和青年学生了解与学习世界社会主义历史人物，缅怀伟大历史人物，汲取历史人物的经验教训，提高自己认知水平，增强社会主义信念，更加自觉地为全面建成中国特色社会主义而奋斗，并且更加自信地展望世界社会主义的光明前景。我们还明确了这套丛书是面向广大职工的普及型、大众化的传略，而不是学术性的人物评传，也不是带有想象性的文艺作品。因此要依据翔实、精确的史料，做到博观约取、厚积薄发，要加强故事性与可读性，又要注意思想性、理论性，要文风活泼，文字通俗，力求把书稿写成雅俗共赏、做到图文并茂，对大众有吸引力、能引人入胜、启人深思的传记。同时还要写到各个历史人物与中国的关系，在中国的影响，这样我国读者就会感到更加亲切。我还向每位作者提示了写好书稿的具体要求，向 7 位作者提供了我多年积累的有关 9 位历史人物的全部书刊资料，对每位作者都提出了如何写好书稿的建议。随后我还审读了部分书稿提纲和初稿，提出了一些修改意见。

还有一点我想要着重指出的是，我们这套丛书论述、颂扬历史人物的光荣事迹和功绩，是为了学习世界社会主义先辈中诸多先驱、先哲、先贤、先锋、先烈为社会主义事业锻炼成才的路径，心系群众的胸怀，艰苦奋斗的作风，甘于奉献的品格，勇于创新的精神 ，求真务实的态度，服务群众的本领，担当重任的志向，等等。我们为杰出人物谱写传略，并非是要鼓吹个人崇拜。社会主义伟大事业本质上是人民群众的事业。精英伟雄只有勤于密切联系群众，敏于集中群众智慧，善于宣传鼓动群众，精于组织指挥群众，坚决依靠群众，群策群力，才能成就社会主义事业。任何英雄圣贤由于个人思想领域、思想认识的局限性和思想作风、思想意识的欠缺性都难免有过失和错误。所以我们在这套丛书中是本着解放思想、实事求是的原则，纠“左”防右，在充分肯定历史人物成就与功勋的同时，也简要点明其不足与差错。不以成败论英雄，不以是非定圣贤。英雄难免也会失败，甚至失败得很悲惨；圣贤难免也有过错，甚至错得很离奇。善于学习者要精心学习别人、尤其是伟人的长处和优点，同时也要从其短处和缺点中汲取教训。但愿通过阅读这套丛书，我们能做到切实学习革命先辈典范，增强社会主义信念，出色完成本职工作，共同创建中国特色社会主义伟业，促进世界社会主义发展。

是所至盼，期然为序。

2014 年 6 月于中国人民大学寓所

Contents

目录

引 子

起来，饥寒交迫的奴隶！
起来，全世界受苦的人！
满腔的热血已经沸腾，
要为真理而斗争！
……

中国人都很熟悉《国际歌》昂扬的旋律。每逢召开党的代表大会或者其他庆祝大会、重要会议和重大活动，雄壮磅礴的《国际歌》必然会一次又一次奏响。伟大的艺术是富有魔力的！今天，当我们再一次听到《国际歌》，当我们再一次唱起《国际歌》，依然犹闻战斗号角，心潮澎湃，每听一次、每唱一次，总是心灵受到洗礼，思想受到教育，精神得到升华。

回溯历史，从《国际歌》的诞生地法国，到第一个社会主义国家苏联，再到神州大地，《国际歌》鼓舞了一代又一代的革命者砸碎枷锁，冲出牢房，驰骋沙场，为人类解放事业前赴后继，奋勇抗争。巴黎公社的鲜血铸就了伟大的《国际歌》，从此以后《国际歌》这支巴黎公社的悲歌，成为了一支伟大的无产阶级战歌，唱响人心，唱响寰宇。在开天辟地的十月革命中，我们能听到《国际歌》雄壮的旋律；在热火朝天的苏联社会主义建设中，朝气蓬勃的人们唱着《国际歌》。在翻天覆地的近代中国革命中，共产党人弘扬着《国际歌》无惧无畏、打破旧世界枷锁的精神；在全面建设社会主义的热潮中，憧憬着美好新世界的中国人民又在《国际歌》的鼓舞下投入新的战斗。历史的回音壁，荡漾着《国际歌》雄壮磅礴的旋律……

时至今日，时移事迁，非此即彼的阶级对立思维已经离我们远去，人们对《国际歌》的态度也发生了一些变化。有个别人提议，《国际歌》更适合劳资尖锐对立的冷战时代，今日中国仇富、仇官情绪此起彼伏，如果还高唱《国际歌》，鼓舞无产阶级斗争，岂不是火上浇油，雪上加霜？

诚然，作为“全世界无产阶级的歌”的《国际歌》，刚劲有力的旋律，义愤慷慨的歌词，充满悲怆、激越之情。它不仅是一首歌，更是一面旗帜，是马克思主义歌曲形式的表达。在那个“不是东风压倒西风，就是西风压倒东风”的冷战年代，雄壮激昂的《国际歌》确实激起了生活在社会最底层的老百姓抗争的意愿，激起了他们与为富不仁的资产阶级的斗争，激起了他们为埋葬旧社会旧制度而不惜抛头颅洒热血的豪情。《国际歌》早已成为一种精神、一种力量，即使在和平与发展成为时代主题的今天，《国际歌》依然可以激励劳动人民勤奋工作，为全面实现社会主义现代化添砖加瓦！

《国际歌》仅仅属于共产党，为无产阶级专政的国家专有么？在非黑即白的阶级斗争思维已经不再适用的后冷战时代，《国际歌》就没有存在的必要了吗？其实不然。放眼世界，可以发现《国际歌》并非某个政党、某个国家的专属。除了在中国、苏联等社会主义国家传唱《国际歌》外，在“二战”之前，这首歌曾在社会党人、社会民主党人之中广泛传唱。《国际歌》诞生于第一国际，并曾成为第一国际、第二国际的会歌。第二国际后期分裂为以俄国布尔什维克为代表的共产国际和欧洲社会民主党（包括工党、社会党等）为代表的社会党国际。尽管二者的政治主张和发展道路不同，但二者都以建立社会主义制度为目标，都追求达到《国际歌》所传唱的社会主义国家的目的。所以，瑞典、丹麦等北欧国家的一些政党，将《国际歌》当作党歌，至今仍然如此。《国际歌》之所以能超越国家性质的对立，能穿越时空的局限，被广泛传唱，一个重要的原因是其反压迫、反剥削的深厚内涵，能表达出人们追求进步的内心诉求，能张扬出政党追求发展、平等的政治诉求；其雄浑厚重的旋律，能激起每一个人为追求美好明天而奋斗，能激起每一个政党为实现政纲而努力。

具体到今日之中国，共产党人不能不唱《国际歌》。在党的生活中，特别是重大活动中常唱《国际歌》，有助于不断强化共产党人的理想信念和使命意识，使共产党人始终保持旺盛不衰的革命激情，凝神聚气、振奋精神，形成万众一心实现伟大中国梦的强大“气场”和可喜局面。

20世纪六七十年代，是《国际歌》在中国传播最广的年代。每天早上六点半，中央人民广播电台“新闻和报纸摘要”如约响起；每天晚上八点半，中央人民广播电台“各地人民广播电台联播”如约响起。人们围坐在收音机前，在这两个节目的结尾处，总会听到《国际歌》熟悉的旋律。在那个年代的课堂，小学生朗读的课文中说：《国际歌》是在巴黎公社的战火中诞生的，是一个叫欧仁·鲍狄埃的法国人在巴黎公社失败后，激愤地写下了这首伟大的歌曲。当时流行一本小人书《欧仁·鲍狄埃》，封皮赫然画着欧仁·鲍狄埃的肖像，眼神坚定锐利地望着远方，封皮深处以巴黎公社起义为背景，战火硝烟中，人们手举着红旗，拿着武器，正在为一个新社会而战斗。那个年代的每一个人就这样记住了这位伟大的诗人——欧仁·鲍狄埃。

20世纪60年代的连环画《欧仁·鲍狄埃》

“生活是创作的源泉”，这是一个亘古不破的艺术规律。欧仁·鲍狄埃出生在一个充满火热斗争的年代，他经历了法国工人运动和欧洲工人运动中一个非常重要的历史阶段。鲍狄埃在剧烈的历史动荡和尖锐复杂的阶级斗争中度过了自己峥嵘的一生。年少的欧仁·鲍狄埃，首先感知到的是一个充满压迫和不平等的世界。在波旁复辟王朝的封建重压下，鲍狄埃在繁重的劳作中度过了本该无忧无虑但实际上痛苦不堪的青少年时期。在1830年的七月革命中，对生活已有深刻体会的鲍狄埃开始了自己的创作之旅，开始用笔去控诉资本主义制度的黑暗。在1848年六月起义中，羸弱的鲍狄埃甚至拿起了武器，与起义工人一起奋战。在第二帝国时期，鲍狄埃开始逐渐服膺马克思主义，不断探索工人解放的道路，加入了第二国际的行列。在巴黎公社不平凡的七十几天中，被人民推举出来担任领导的鲍狄埃，不顾自己年老体弱，忘我地投入到公社的工作中。在公社保卫战中，鲍狄埃又一次操起刀枪，与战友们一起厮杀在抗敌的前线。当战友们的鲜血染红了巴黎的每一条大街小巷之时，当敌人在千方百计追剿公社战士之时，鲍狄埃以笔为戎，写下了激昂悲壮的伟大诗篇——《国际歌》。晚年的鲍狄埃流离失所，东奔西走，辗转于不同国家，虽然身体每况愈下，虽然生活越来越差，但他没有忘记自己创作的矢志，仍然不停地写作，将自己毕生的体验，将自己对马克思主义深刻到位的理解，化作一篇篇伟大的诗歌，一直战斗到生命的最后一息。

列宁曾说：鲍狄埃“在自己身后留下了一个非人工所能建造的真正的纪念碑”。这座纪念碑，是无产阶级艺术史上一座伟大的丰碑，更是人类艺术史上一座伟大的丰碑。任何为剥削者辩护、美化剥削者的艺术，在鲍狄埃的伟大创作前，都显得那么卑微，那么不值一提。任何耽于幻想、满足于妥协的投机分子，在坚定而彻底的鲍狄埃面前，都显得那么渺小，那么卑下。任何将枪口对准人民的反动者，在革命的鲍狄埃面前，都显得那么狰狞，那么凶残。

列宁

鲍狄埃是在用自己的生命去作诗，是在用自己的生命去宣传！鲍狄埃就是这样“一位最伟大的用歌作为工具的宣传家”！他的一生，值得我们去感知，去缅怀！

第一章 少年诗人

苦难的童年

巴黎是一个承载历史与梦想的城市。当你散步于巴黎的街头巷尾，随处寄寓着历史的传说，随处可以听见法兰西民族为自由、为民主的倾诉。蜿蜒穿越巴黎古城向西北缓缓流去的塞纳河，见证了千百年来巴黎的变迁与苦难，盛满了巴黎人民的悲欢愁恨。

18 世纪末 19 世纪初，塞纳河畔响起了一次次起义的钟声，塞纳河目睹了一次次激烈的巷战。面对封建阶级的压迫，有着“光荣革命”传统的法兰西儿女与之进行了一次又一次的生死较量。1789 年，武装起来的群众，怀揣着对自由的热爱与对平等的向往，高呼着“到巴士底去”的口号，攻克了象征封建专制制度的堡垒——巴士底狱。在这次人类史书上大写特写的法国大革命中，塞纳河见证了“青春、热情、自豪、慷慨、真诚的年代”，见证了巴黎人民的豪情与决心，见证了血流成河却抵挡不住的革命热忱。然而，历史是残酷的，前进的过程是曲折的，甚至是痛苦的。1814 年、1815 年拿破仑在反动封建势力的联合打击下，逐渐溃败，波旁王朝的路易十八坐进了塞纳河旁的杜伊勒里宫，共和、民主的理想遭遇了严重的挫败，法国又一次堕入了封建专制统治的黑暗深渊。

1816 年 10 月 4 日，已经入秋的巴黎有点儿冷，犹如当时生活在封建禁锢中的巴黎人民的心情一样阴郁。巴黎街头是行色匆匆面无表情的人群，市区中心集市上讨价还价的买卖声稍微冲淡了秋天的阴沉。就在喧闹的市区中心，塞纳河北岸的一户平民家中，发出了一阵响亮的婴儿啼哭。家里人听到了婴儿哭声，欣喜若狂，个个抱着这个大眼睛的男孩儿瞅个不停。他们只是为家里添丁而兴奋，谁也没料到这个叫欧仁·鲍狄埃的孩子将来会有大作为，日后竟能成为著名的无产阶级诗人，成为万千劳动群众的精神之父。

如同那个年代生活在底层的孩子们一样，鲍狄埃的童年充满了心酸与痛楚。鲍狄埃出生在一个世代以劳动谋生的人家。祖父是个裁缝，父亲靠制作木箱维持一家人的生计。鲍狄埃的祖父一家原来住在凡尔赛，因为家境贫寒，举家迁往巴黎。鲍狄埃对年迈的祖父被生活所压的艰辛记忆犹新，所以在后来一首诗的描述中，鲍狄埃栩栩如生地展现了一个老裁缝孤苦凄寒的形象。

1689 年 2 月 6 日，英国发生“光荣革命”。

1789 年，巴黎人民攻占巴士底狱。

一个年老体弱的裁缝，终年为财主们卖命，结果换来的是少得可怜的报酬。这个老裁缝骨瘦如柴，食不果腹，衣不蔽体。鲍狄埃一家就这样长期生活在贫苦中。

鲍狄埃很小时候就流露出聪颖与好学。在教会学校读书的时候，他屡屡得到老师的表扬。十岁转入世俗小学后，很快就得到了老师的肯定。本该在教室里读书写字享受童年的鲍狄埃，到世俗小学后才不到三年，就由于家境贫寒而辍学。

穷人的孩子早当家。刚刚十三岁的鲍狄埃失学后帮父亲制作木箱。每天不到五点钟，他就要从温暖的被窝中爬起来，睡眼惺忪地和父亲一起来到作坊，穿上大人的围裙，开始了周而复始的木工活儿。于是在巴黎街头的一家木箱作坊里，可以看见一个穿着不合身围裙的瘦瘦小小的身影。这个瘦小的孩子每天都没完没了地锯啊、刨啊、钉啊，从天不见亮到日落天黑，劳作一天下来，浑身酸痛。用鲍狄埃自己写作的《小传》来形容："在那制木箱的工作台旁，他呆滞、困倦、迷糊和笨拙。"鲍狄埃后来用很多诗歌来形容童工悲惨的生活。在《赤贫的孩子》中，他描写道：

一条麻袋铺在刨花堆上，
可怜的哈兹，这就是你的“绒毛床”。
快离开这“休息”的地方吧，
工厂的汽笛已经拉响。

这仿佛是一种喃喃自语的叙述，也证明了饱受折磨的鲍狄埃，可能在小时候就已经萌发了一些反叛的意识，想快快离开这人间地狱。

苦难对于不同的人有不同的意蕴。坚强者从中磨砺意志，锻炼技能，等候时机；羸弱者自怨自艾，沉沦堕落，生命愈加悲戚。鲍狄埃就属于前者。爱好学习的他，尽管离开了学校，尽管每天劳作后精疲力竭，但他仍然抓住业余时间读书。鲍狄埃家里有个橱柜，柜里堆满了杂物，其间也有几本布满灰尘的书。这个橱柜，是鲍狄埃汲取知识获得养分的图书馆。每天空余时间，他便在这里读书识字，直到夜深人静。鲍狄埃最初的诗歌启蒙就来自于这段时间的自学。橱柜里有一本旧文法书，他从中学习了写诗的格律。

这个时期，最让鲍狄埃欣喜的是，他得到了一本贝朗瑞的诗集。贝朗瑞是法国资产阶级的民主革命诗人。他的诗歌常以反封建、反专制为主题，向

描绘鲍狄埃童年的漫画

贝朗瑞

复辟的波旁王朝和欧洲封建势力的反法联盟发起猛烈的进攻。他的鼓动经常让当权者感到害怕，所以他也因此多次被统治者逮捕入狱。1830 年法国掀起了七月革命，拉开了 1830 年欧洲革命浪潮的序幕。贝朗瑞这一时期写作的大量诗歌，充当了七月革命的政治号角，鼓舞千百万民众为推翻波旁王朝奋勇向前。马克思对这位伟大的、同情劳苦大众的诗人赞誉很高，称他为“法国人民不朽的诗人”。

当时贝朗瑞用小开本出版自己的诗集，这样定价就不会太高，穷人也能买得起。但是，就是这样廉价的一个小册子，鲍狄埃也买不起，还是向同学借的。和其他无数人一样，鲍狄埃视贝朗瑞为自己的偶像。他自己写文说，“贝朗瑞就是我心中的荷马、维吉尔、贺拉斯”。贝朗瑞不仅是鲍狄埃的偶像，更是鲍狄埃精神的导师。鲍狄埃曾向贝朗瑞表白，“培育了我的灵魂的种种感情，轻易地让位于您的教训”。拿到贝朗瑞的诗集后，鲍狄埃认认真真、工工整整地抄写，反复朗读，反复背诵。贝朗瑞善用

1830 年，法国七月革命爆发。

民歌风格写诗，作品朗朗上口、深入浅出，表达了人民反封建、反剥削的心声及追求平等、民主、自由的意愿。鲍狄埃也希望有朝一日能成为一个像贝朗瑞一样的诗人，能成为一个人民的诗人，用诗歌为人民言志，用诗歌鼓舞人民奋战。

查理十世于1824年继位。查理十世统治法国后，非但没有改变波旁王朝的专制统治，反而将倒行逆施推向极端。经济上，进一步限制和打击资本主义经济的发展，加强了对普通民众的剥削。1830年7月26日，查理十世宣布解散新选举出来的议会，修改选举制度，宣布取消一般工商业资产阶级的选举权，史称“七月敕令”。本来人们对查理十世的倒行逆施已经十分忿恨了，“七月敕令”不啻于雪上加霜，触及了人民最后的底线，将查理十世推上了一条不归路。报纸上人民公开打出反对的旗号：“政府已丧失合法性质，人们无须再服从它了。”颁布法令当晚，群众于巴黎街头游行示威，与警察发生冲突。第二天，工人高举代表共和国的三色旗，带上枪支棍棒，筑起巷战工事，发起了对封建反动查理十世的进攻。三天后，起义者占领了杜伊勒里宫，复辟的波旁王朝终于被人民正义的力量埋葬了。

工人阶级的力量是巨大的，斗争的决心是坚定的，这在七月革命中得到了最淋漓尽致的表现，就连当时的资产阶级也将这次革命归功于工人阶级。

1830年7月，法国七月革命“光荣日”的场景。

当年的鲍狄埃，未满十四岁，却受到革命暴风狂潮的极大震撼与洗礼，“1830 年的光荣日子是将我唤醒的第一声战鼓”。瘦弱的鲍狄埃跟着如织的人群走上街头。鲍狄埃爬到了卢伏瓦广场一座教堂的脚手架上，从高空中认真观察着这场战争，与千百万群情激荡的人们一起经历和见证着这一伟大历史时刻。巴黎上空激荡着枪炮声，回响着震耳欲聋的呼喊声——“自由万岁!”

“自由万岁!”这一充满正义与勇气的口号，给鲍狄埃留下了深刻印象。受此启发，鲍狄埃写作了自己一生中的第一首诗——《自由万岁》。在鲍狄埃眼中，波旁王朝是“万恶的政权”，查理十世是“昏庸的君主”，封建专制是“暴戾的统治”，而“自由”“闪耀着光辉”，令人神往。鲍狄埃对七月革命寄予厚望，相信七月革命能够给人民带来幸福、自由和无限美好的未来。鲍狄埃由衷感慨：

人民把铁锁链打得粉碎，
自由在眼前闪耀着光辉；
你们在叛国皇室的桎梏下，
诅咒着万恶的政权早该摧毁！
勇士们，你们在战斗中牺牲，
但你们的英名将青史永垂！
自由啊，鲍狄埃心里充满着渴望：
而今自由重又带来希望，
啊！我们无限幸福无限欣慰。
……
新的一天，预示我们的未来灿烂光辉，
自由万岁！自由万岁！

“自由万岁！自由万岁！”这是鲍狄埃心底最急切的呼唤，也是生活在底层的人们最急切的呼唤！

鲍狄埃的创作由此拉开了序幕。至此，鲍狄埃以笔为戎，写出了一篇又一篇闪耀着激情与光辉的战斗檄文。

初登歌坛

当鲍狄埃为歌颂七月革命写下了第一首诗《自由万岁》后，创作的热情便一发不可收拾。七月革命实在是一场值得歌颂与反思的革命，它激发了鲍狄埃创作的灵感与激情。对革命胜利的憧憬，对胜利后并非乐观前景的预测，对民众的呼吁与赞扬，对资本家的警告，对世界革命与反革命力量的反思，这些都构成了这一时期鲍狄埃诗歌中重要的元素，开启了鲍狄埃创作的历程。十五岁的鲍狄埃，用饱含感情的如椽大笔，迸发出灵感与热情，写下了自己的观察与思考，将历史的辉煌与苦难，化作了一首首脍炙人口的诗歌。1831年在民歌作家查理·勒巴日的资助下，鲍狄埃在这一时期写作的部分诗歌集结成册、得以出版。题为《少年诗神》的诗集，是鲍狄埃最初创作精华的结晶，向世人展示了这个小小少年横溢的才华。

法国国王路易·菲利普

七月革命给鲍狄埃带来希望的同时，也带来了失望。当鲍狄埃和其他民众一样，为七月革命欢欣鼓舞，以为将要迎来一个新纪元的时候，结果却给他们当头一棒，让他们大失所望。波旁王朝被工人阶级推入坟墓后，资产阶级适时出来盗取了胜利的果实。认为工人阶级是七月革命主力军的银行家拉斐特，这下成了凝聚资本家的核心人物。他家里聚集了野心勃勃的资产阶级，他们商量着下一步的行动，最后决定拥戴奥尔良公爵路易·菲利普为国王。资产阶级簇拥着奥尔良公爵走入市政厅，从此以银行家拉斐特为首的资本家掌控了国家政权。波旁王朝覆灭了，取而代之的是资产阶级的君主制，而那些曾经为革命作出巨大贡献的工人们，仍然生活在社会的最底层，境遇没有丝毫改变。那些为革命付出的生命与鲜血，换来的只不过是从被一个阶级压迫到被另一个阶级压迫的转移。

七月革命只不过是一场换汤不换药的革命，于民生、于百姓意义并不大。鲍狄埃眼见着这种无意义的变迁，写下诗歌《反正是一个样》，一针见血地提醒自己的战友：

朋友们，别再更换国王啦，
因为反正是一个样。

一边是对战友们善意的提醒，一边是对刚刚上台资产阶级严厉的警醒：

部长们，你们竟如此健忘，
忘了人民和他们的街垒！
然而那三天里，愤怒的人民
叫你们不敢再耀武扬威。
你们妄图剥夺我们的自由，
趁她正在安睡，
当心弄醒了她，
因为反正会一个样。

鲍狄埃希望自己的诗歌，也能给这些刚上任的资本家们当头一棒，警示他们不要重蹈覆辙。

希望越大，失望越大。以为七月革命能换来一个自由、民主的新世界，结果却等来一个依旧残酷、依旧暴戾的统治。以为七月革命能带来民族的新生、国民的幸福，结果却进入了残暴枷锁中的又一次轮回。鲍狄埃的心境可想而知了。失望，忿恨，鲍狄埃又用诗歌《继续奔走吧》表达了当时大家的一种共同心境：

冬天乘着飞快的翅膀，
使七月的鲜花凋萎枯瘦，
它那严峻的酷寒，
也把我们的心紧收。

失望并不代表着绝望。冬天到了，春天还会远吗？尽管心如冬天般寒冷，但鲍狄埃并没有放弃对春天的向往，对希望的追逐。历史总是向前发展的。鲍狄埃相信，只要人民团结一心，拿起武器，总有一天，会迎来革命的春天：

春风会使神圣之火，
重新燃遍法兰西国土！
为了歌唱这甜蜜的希望，
继续奔走吧，啊，小歌手！

这首诗仿佛鲍狄埃的自勉，也像是对千百万法兰西人民的激励，充满着战斗的豪情与对未来美好的憧憬。这种乐观的革命情怀对于暂时遭挫的革命人民尤为必要。

俄国沙皇亚历山大一世

当时法兰西民族的命运与世界局势的变迁也紧密相连。法国大革命之于人类历史进程的影响很深，它带来的不仅仅是法国一个国家的变迁，它宣扬的自由、平等、民主、博爱的理念，对于封建统治下的欧洲，都有极大的冲击。在此情况下，1815 年 9 月在俄国沙皇亚历山大一世的倡议下，奥地利皇帝法兰西斯一世、俄国沙皇亚历山大一世和普鲁士国王腓特列·威廉三世缔结了一个反动同盟，即神圣同盟。神圣同盟的主要任务就是遏制法国大革命思想在欧洲的传播。

面对咄咄逼人的反动势力联盟，鲍狄埃代表法兰西民族发起了宣扬书，《三色》表达了法兰西民族反抗外族势力的决心和勇气：

如果君主们侵犯法兰西，
他们将很快遭到惩罚，

普鲁士国王腓特烈·威廉三世

所有法国人都会团结一致，
飞快地赶去保卫她。

鲍狄埃也在《我的命运》中表达了自己誓死捍卫祖国的决心：

为了保卫我的祖国，
我将献出一切，
臂膀和琴。

当然，世界上也有正义的声音。反对压迫、反对剥削是世界上绝大多数追求正义的人民心底的呼声。当时波兰人民发动了起义，反对沙皇俄国。听闻这个消息，鲍狄埃非常激动。当波兰人民在战火硝烟中勇战时，他及时送去了鼓励和支持——《最后的希望》：

呵，波兰人，你们要以万丈怒火，
烧断那头巨兽的侵略魔掌。
这巨兽虽然占领了华沙，
但要征服它却是痴心妄想。
对于这些侵略者，
每个爱国者都是座铁壁铜墙。

除了鼓励波兰人民奋勇抗争，鲍狄埃也表达了对沙皇侵略的憎恶：

北方来的士兵在疯狂侵略，
他们陶醉于勇敢波兰人的血泊。
让他们为这卑鄙的胜利得意吧，
死神已勒紧了套在他们颈上的绳索。
……
指挥他们的是那个沙皇恶魔，

他想埋葬高贵的自由，
他想在废墟上加固他的帝国。

为了让波兰人民更好地接受这首诗，鲍狄埃还专门找人为这首诗配上了波兰舞曲的曲调。

这个时期让鲍狄埃有些失望的不仅仅是国家的命运和前途，也有自己战友的徘徊甚至退缩。鲍狄埃是在民歌大师贝朗瑞的启蒙下走上创作道路的。然而七月革命后的贝朗瑞，对继位的王朝倍感失望，一度消沉起来。鲍狄埃是如此崇拜贝朗瑞，在他1831年出版的第一本诗集封面上就赫然写着："十五岁的欧仁·鲍狄埃献给贝朗瑞的诗歌集。"

鲍狄埃不能眼见自己"导师"的沉沦，于是写诗给贝朗瑞，希望贝朗瑞重振旗鼓，再战"沙场"：

怎么，贝朗瑞，你已打算引退？
难道岁月已使你的歌声衰微？
难道你没有看见卑鄙的小人，
又活跃在宫廷里阿谀献媚？
他们重建起偏见的殿堂，
还想把我们套上枷锁问罪。
难道你没有看见伟大三日的子弟，
如今缺衣少食，在失业的道路上徘徊？

一边是委婉的批评，一边又是同志间善意的提醒：

快拿起你讽刺的长鞭，
请再拨动你的琴弦，
诗圣贝朗瑞！

贝朗瑞读到了鲍狄埃的这首诗，对这个才华横溢的后起之辈深表欣赏。他给鲍狄埃回信说："感谢您寄给我那首十分优美的诗篇，如果您只有十五岁的话，那简直是一篇杰作。"得到大师级人物贝朗瑞如此高的赞誉，并非易事。然而贝朗瑞似乎仍然无法从悲观情绪中解脱出来，他甚至表示："任何一个最普通的手艺人，也比大多数诗人对他的祖国更为有益。"贝朗瑞似乎更肯定实实在在的工人们的作用，而对诗人的精神力量赞誉不高。贝朗瑞产生这种情绪很好理解，毕竟自己的诗歌在七月革命前充当了革命的号角，激发了无数人的斗志，然而结果却并不如人愿，胜利的果实被人攫取。

鲍狄埃接着写了名为《赠贝朗瑞》的诗歌回答贝朗瑞的疑问。鲍狄埃向贝朗瑞明确地表示，自己就是一名工人，对于工人同胞们所受的压迫和痛苦深有体会，自己愿意用诗歌来表达同胞们的意愿。鲍狄埃甚至还表态，自己宁愿在茅屋里孤苦终身，也不愿意到豪宅里去沽名钓誉。诚如鲍狄埃自己的表态，他终身矢志于诗歌创作事业，投身于工人解放事业，一生漂泊动荡，到晚年仍然贫寒交加，但他始终未动摇过自己的坚持和信念。

七月革命胜利了，但最终被反动势力盗取了胜利的果实。这样的社会变迁并非偶然，而是历史的一种必然。革命不可能一帆风顺，革命的果实常常在一瞬间被反革命攫取。历史总是惊人的相似。当年法国的七月革命如此，中国近代史上的辛亥革命也是如此。当年在老家的鲁迅看到了革命，剪了辫子，参加到革命队伍中，满心期盼一个新时代的到来，结果原有封建士绅、军阀仍旧招摇过市，剪了辫子，见到革命党人，亲切地招呼，"我们本来是'草字头'，一路的呵"。"昨日的旧衙门，摇身一变，成了新政府。"历史进程并非直线，而是呈一种螺旋上升的趋势。革命与进步任重而道远。如果因为一时的挫折而否认自己的理念，否认自己的信仰，放弃自己的追求；那么，历史更会无休止地在原地徘徊。真的勇士，敢于直面惨淡的人生，敢于直面惨淡的结局，跌倒了，爬起来，揩揩身上的鲜血，继续前进。

鲍狄埃就是这样一个不屈不挠的勇士。虽然自己的偶像有些动摇了，但鲍狄埃并未因此而动摇，并未因此而停止创作。出身工人世家的鲍狄埃，当然对工人的疾苦及工人的力量深有感触，但他并不因此而否定文学的力量、诗歌的影响。贝朗瑞的光芒褪去，鲍狄埃的创作启程，一代又一代的无产阶级诗坛巨匠，在人类历史上，用充满斗志和激情的诗歌，鼓舞着一代又一代的民众为革命前行。

寻求真理

但凡大变革、大动荡的时代，社会上总会充斥着形形色色的声音。各种社会思潮“你方唱罢我登场”，不绝于缕。人们在这样的语境中，自然也会面临着选择的困难。没有选择，令人苦闷，如封建大一统统治下，每个人都噤若寒蝉，任何风吹草动皆可引起当局重视，一点儿小牢骚、小议论也可能引发诛族之罪。有着自由追求的人，在此种严酷环境中，自然郁结不欢。选择多了，同样也令人苦闷。各方力量都拿出自己的看家本领，在历史舞台上纷纷登场，游说看客。看客们置身其中，花了眼，乱了心，听听都有理，想想都可行，试试却夭折。所以在思潮澎湃的年代和社会中，大多数矢志救国救民的人都不是从一而终的“贞士”，思想变动都非常频繁甚至巨大。什么才是救国救民的真理？有志之士一直苦苦追寻。十分普遍的情况是，今天还赞成改良，明天可能就揭竿起义了。今天还迷醉于民主主义，明天就服膺社会主义了。在“实验”过多种救国主张和理念之后，这些人才能作出最优的选择。鲍狄埃也经历了这样的一种选择过程。

1830 年七月革命推翻的是一个反动阶级，承继而起的是另一个统治阶级，而为革命真正尽力的工人阶级仍然处在被统治地位。“1830 年的革命把政权从地主手里夺来交给了资本家，也就是从离工人阶级较远的敌人手里夺来转交给了工人阶级的更为直接的敌人。”如果客观地考察，资产阶级取代封建阶级的统治，确实也是一种无法否认的历史进步。

七月革命后，法国的资本主义实现了较快的发展。这一时期，法国工业革命如火如荼地进行，机器生产带来了生产力的进步，带来了社会物质财富的激增。然而，“资本来到世间，从头到脚，每个毛孔都滴着血和肮脏的东西”。这些进步都是建立在对工人阶级的残酷剥削基础上的。刚刚执政的资本家，眼前都是赤裸裸的利益，只知道快马加鞭地发展，不会去考虑这种建立在对劳动者残酷剥削基础上的发展可能引发的危险，不会去理会工人阶级中可能的不满情绪与声音，不懂去调和种种劳资矛盾的重要性。卓别林的《摩登时代》讲的是工业革命对普通工人的冲击，用艺术的形式真实呈现了

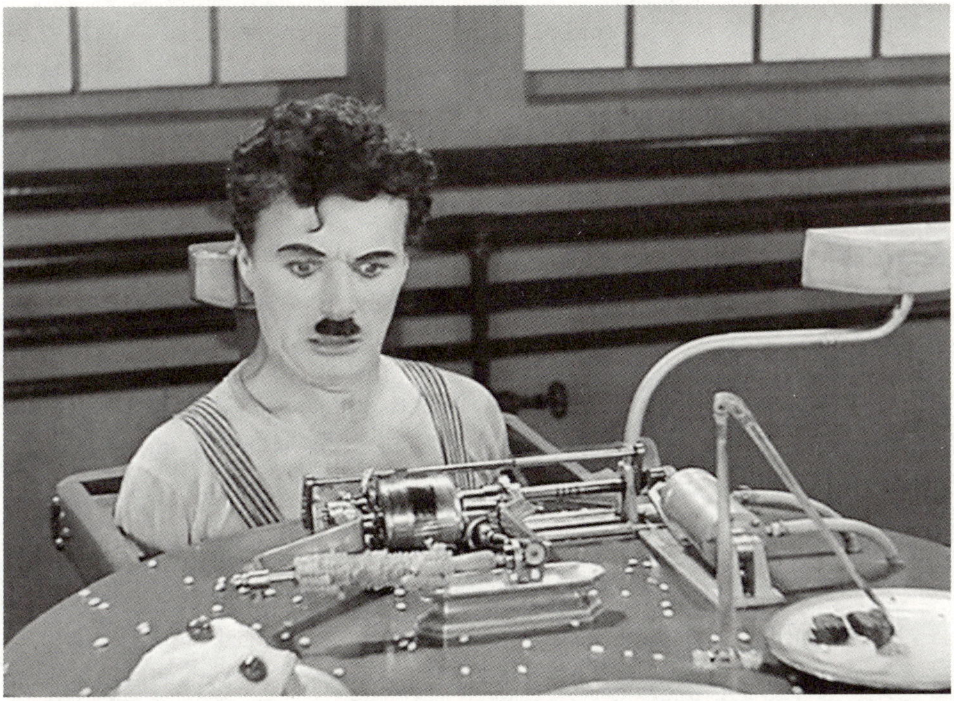

电影《摩登时代》

工业时代中工人无休止的劳作。这部电影可以说是当时法国工人真实的写照。

当时的法国工人，如一个机器上的铆钉，没有自我的尊严和价值，只有暗无天日、无休无止的工作。当时法国工人工作日工作的时间一般都长达14－15个小时，然而这样辛苦的劳作换来的却是低得不能再低的工资收入，甚至不能养家糊口。工人买不起房只能住地窖，在冰冷的地窖里，地面铺上一床烂褥垫，便成了休息的“床”。从工厂回来的工人已经是精疲力竭了，顾不上地面的冰冷，倒头就睡，争取休息上为数不多的几小时。生活环境如此，工作环境更差。资本家眼中，只有工人的工作，没有工人的权益，所以不管工厂条件如何。狭窄，拥挤，潮湿，肮脏，当时大多数工厂作坊都是如此景象。如此狭小的环境中，一人得病，便快速传播，夺去大批工人的性命。即便如此，资本家甚至觉得雇佣成年工人不划算，就雇佣起更便宜的童工来。瘦小的身躯，哪堪如此高强度的工作，所以当时工厂里，死亡的童工不计其数。

这种情况在里昂更甚。里昂是法国一个著名的工业城市。提到它，大家自然联想到“丝绸之城”。在这里产出的丝绸，运销欧洲各国，为欧洲各国达官贵族厚爱。19世纪的里昂中心城区，映入眼帘的是干净、漂亮、整洁的大街和琳琅满目、井然有序的商店，得天独厚的人们穿着上等丝绸做成的衣服优雅信步于街头巷尾。但是，如果到工业区去看一看，你就会被两者的差别之大所震惊。街道狭窄，堆满垃圾，两边是低矮破旧的作坊。面色苍白形容枯槁的工人工作其间，妇女儿童在其中占了很大比例。里昂工人的工资也是少得可怜，大多数工人买不起房，也租不起房，干脆就露宿街头，有的人甚至工作了一天，连走到街头的力气都没有，干脆就睡在机器下面。

哪里有压迫，哪里就有反抗。重压之下，里昂工人无奈地站了出来。1831年，里昂工人为增加工资，宣布罢工。11月21日，罢工工人高唱“巴黎进行曲”，离开工厂，与前来镇压的军队展开殊死搏斗，最后占领了国民军营房，筑起了街垒，打出了“工作不能生活，毋宁战斗而死！”的口号。

什么都没有，只有一条命的人觉醒的时候，是最可怕的时候。他们没有任何顾虑与留恋，因为如此卑贱地、艰难地苟活着，倒还不如放手一搏。一无所有的里昂工人爆发出极强的战斗力，多次击败反动军队，控制全城。最后由于反动援军增多，而终告首败。

一时的失败阻挡不了工人为争取权益的战斗的脚步。1834年4月9日，里昂工人再次举行总罢工并演变为武装起义。这次起义是为反对政府禁止工人集会而起的。这次起义比上一次起义有了更明显的政治性质，“建立民主共和国”是当时最响亮的口号，“我们的事业，是全人类的事业”是当时最激荡人心的宣言。但在敌多我寡、敌强我弱的情况下，这次起义又告失败。里昂工人的两次起义，大大促进了法国工人阶级觉悟的提高。随着工人阶级觉悟提高应运而生的是各种空想社会主义和空想共产主义学说的兴起与流行。工人阶级中广泛流传起这些学说来。

年轻的鲍狄埃被风起云涌的工人运动所感召。他活在一个伟大的时代，被伟大时代的思潮所吸引、洗礼。鲍狄埃经常读书，以跟上这变换的革命大环境。他没有钱买书，只好去书店里“蹭书”。这个时候，他已经接触了许多进步思想家和批判现实主义作家的作品。他读过法国启蒙思想家伏尔泰对封建专制的批判，领略过巴尔扎克对资产阶级上流社会的嘲笑，塞万提斯、司汤达……一个个伟大的思想家给他带来了灵光与激情。

除了读书，这个时候的鲍狄埃，还多次参加了工人运动，找到了与自己志同道合的战友，思想也发生了急剧的变化。用他自己的话来说，他从 1832 年的共和主义者逐渐变成了 1840 年的社会主义者。

伏尔泰

1831 年到 1832 年初的一段时间，鲍狄埃还在自己父亲的木箱作坊工作，工作一如既往的繁重。身体的疲惫并没有磨灭鲍狄埃寻求真理的热情。每天收工后，虽已是入暮时分，但鲍狄埃还是会不顾疲劳兴致勃勃地去参加当时巴黎的一些民间诗社组织的诗歌晚会。

这里有必要介绍一下当时的民间诗社。当时，巴黎和其他一些城市中出现了很多民间诗社。这些民间诗社秉承寻求真理的目的，聚合在一起。民间诗社兼容并包，有些核心人物坚持民主共和，有些则认同一些社会主义学说。诗社成员大多是工人和其他劳动者。这些人因为诗歌走在一起，因为寻求真理聚在一起。他们因为整日的劳作，基本上都是在下班后集合，一起讨论诗歌。这里面有业已成名诗者的咏唱，也有初出茅庐年轻小伙意气风发的青涩行文。这里面有对吟诵者的赞扬与共鸣，也有激烈的争论与反对的声音。总之，到场者都抛去门户之见，各抒己见，表达意愿。很多优秀的诗歌就从这里产生，流传开来。

作坊里的鲍狄埃是沉寂、呆滞、郁郁寡欢的，到了诗社，他仿佛换了一个人。他自己在《小传》中也说道，“当他出现在诗会上，却变得如痴如狂”。到了诗会，鲍狄埃沉浸在诗歌的海洋中，豪迈的诗句点燃了他心中的火焰，他总是会激动地表达自己的看法。婉约的诗句令他沉思，拨动他内心深处的情愫。他兴奋地向同志们朗读自己的新诗，认真地听取同志们的意见和建议。他的创作因此而丰满。与同志们一起，鲍狄埃激动、愉悦、善谈、好辩。他挥斥方遒，指点江山，革命的情怀展现得淋漓尽致。诗会一般从傍晚时分开始，常常因思想的交锋、讨论的激烈而刹不住车，到午夜才结束。参加完诗会回到住处的鲍狄埃，身体常常已经疲惫不堪了，尽管四、五个小时后就要开工，但他并不觉得疲惫，因为他的内心丰满、充实。

1832 年，鲍狄埃觉得自己创作的时间越来越不够用了，于是他果断地离开了自己父亲的作坊，来到蒙马特尔城郊，在一所小学里当了一名管理员。

管理员的工资少得可怜。学校里管理宿舍的女佣人的工资已经很少了，管理员的工资则更少，甚至不及她们的一半。拿着微薄的薪酬，身着褴褛的衣衫，睡着肮脏潮湿的宿舍，鲍狄埃却不觉得辛苦，因为他获得了更多时间去创作。创作给他带来了快乐，带来了希望。精神世界充实的人不会纠结于物质世界的贫寒，精神世界充实的人永远是积极的、乐观的。

让鲍狄埃高兴的是，他在小学里碰到了知音——亨利·缪瑞。缪瑞这时候还不懂写作，但他却热情满满地享受着鲍狄埃的诗作。缪瑞最大的乐趣就是听鲍狄埃为他朗读自己写作的诗歌。在此影响下，缪瑞后来也走上了文学创作的道路。

1834 年之后，鲍狄埃尝试了一些其他职业后，重回木箱作坊工作。伟人总有很多相似的地方，比如通过锻炼体格以造就坚强意志。毛泽东当年在长沙南门口闹市读书，磨炼自己的专注力。冬天里，毛泽东从第一师范游过寒冷的湘江，然后再爬上寒风凛冽的岳麓山。鲍狄埃也像毛泽东一样，以一些看似“极端”的方式磨炼自己。巴黎繁华的街头，可以见到鲍狄埃在低头认真写诗。严寒的冬天里，被寒风吹得沙沙作响的树荫里，可以见到穿着单衣散步的鲍狄埃。鲍狄埃不停地写啊写，不觉疲倦。回到木箱作坊的鲍狄埃已经年满十八了，他成熟了，有了更多的想法。鲍狄埃这时候对绘画也产生了兴趣，开始利用一切时机学习绘画。可能人一认真就会有出息，也许是鲍狄埃本身聪明，他居然自学成才，成为了一名很有造诣的绘图师。

技多不压身。鲍狄埃的绘画才能很快被人赏识。1838 年，鲍狄埃的一个朋友邀请他到自己工厂里当绘图工。鲍狄埃又一次离开了木箱作坊，在自己朋友的工厂里当起了绘图工，设计美术图样，还兼任了会计。当时鲍狄埃欣然接受朋友邀请的原因，除了自己会绘图外，更重要的是，他想要机器印制出物美价廉的布匹，让穷人也穿上漂漂亮亮的衣服。

但为朋友工作的鲍狄埃并不真正开心。敏感的鲍狄埃觉察到，自己为朋友卖命，而作为老板的朋友眼中，只有金钱与利益，没有友谊。这个朋友打着友谊的幌子，残酷地从鲍狄埃的身上榨取价值。

利益面前没有真正朋友，但是志趣与追求却能迎来真正的友谊。鲍狄埃从当老板的朋友那里品到了世态炎凉，但也在此时因为志趣与追求，找到了另一段真正的“革命友谊”。这个时期的鲍狄埃和阿德里埃·留住在一起。他俩蜗居在蒙西尼街一号的一个亭子间里。亭子间很简陋，用“一贫如洗”

形容并不为过。但就在这个简陋的屋子里，鲍狄埃和阿德里埃·留一起作诗、朗诵，合作为剧院写剧本。简单生活中洋溢着快乐与满足。

建立起新的“革命友谊”，鲍狄埃也巩固了原有的“革命友谊”。与缪瑞的重逢，应该是鲍狄埃这个时期最值得庆幸的事儿。缪瑞常常来到鲍狄埃的住处。三个年轻人一起，畅谈理想，交流创作经验，让这个小屋更加热闹起来。这时候的缪瑞，已经是“饮清水者”诗社的核心人物之一了。顾名思义，“饮清水社”聚会时常常以水代酒，没有豪饮美食，却也自得其乐。鲍狄埃也常常参加“饮清水社”和其他一些诗社、社团的聚会。通过这些诗社社团，鲍狄埃结识了一大批当时已经颇有名气的诗人。经常与这些名诗人交流砥砺，鲍狄埃受益匪浅，创作才能也因此得到很快的进步与提高。

这一时期鲍狄埃参加的社团中，尤其要注意的是“新四季社”。当时许多诗社、社团，并非单一性质的兴趣组合，多多少少都带有政治集会的性质。这些社员不满足于天马行空脱离生活的创作与空谈，他们真正的关怀在于如何用文学或者其他方式为现实服务。他们甚至还有自己的主义与派别。比如“新四季社”的前身——“四季社”，就是一个秘密的革命组织。“四季社”的创始人是革命家布朗基。19 世纪 30 年代，这个社团在巴黎还单独发动过武装起义。鲍狄埃领略过布朗基的风采。鲍狄埃在一次集会上，曾听到过布朗基的演讲。布朗基对封建统治者进行了体无完肤的批判。布朗基热情的演讲、辛辣的批评，都给鲍狄埃留下了深刻的印象。到了四十年代，在原“四季社”的基础上，一些激进的共和主义者和巴贝夫主义者，组织成立了“新四季社”。如此激进的思想与主张，当然受到了警察的关注与监视。鲍狄埃也因此上了当地警察的黑名单。

巴贝夫

鲍狄埃在参加“新四季社”的活动期间，逐渐感受到了社会主义思想的魅力，也开始服膺社会主义。当然，这时候鲍狄埃对社会主义的理解还局限于巴贝夫的社会主义思想，也就是平均共产主义。巴贝夫的社会主义思想及其引导下建立的“平等派”兴起于18 世纪末19 世纪初。巴贝夫等“平等派”的理想是建立起生产资料和生活资料一律公有的大国民公社，公社成员“普遍幸福”“人人平等”，其共产主义坚持财产公有、共同劳动、平均分配，是一种典型的农业共产主义，具有平均主义和禁欲主义的倾向。他们以暴力推翻督政府、建立革命专政为实现自己共产主义的理想。尽管巴贝夫共产主义体系“相当粗糙和肤浅”，但马克思仍高度称赞巴贝夫是第一个“真正能动的共产主义政党”的奠基人，巴贝夫的学说是“超出整个旧世界秩序的思想范围的思想”。鲍狄埃曾拜读过邦纳罗蒂介绍平等派的《为平等而密谋》，对巴贝夫的平等主张心悦诚服。

大约在1840年，鲍狄埃受巴贝夫的启发，写了一首名为《是人各一份的时候了》的诗。现在已经找不到这首诗了，但是从其题目也不难看出，这首诗奉行的是平均主义。鲍狄埃回忆说，自己把这首诗的手稿交给了自己一个宣传共产主义的朋友。这个朋友在巴贝夫不知情的情况下，将这首诗印了出来，并在里昂和南方的一些城市发行。“从一份反动小报上”，鲍狄埃才得知，“在犹豫多疑和无知且倾向于犯罪作乱的反动阶级中，这颗纵火的火星造成了巨大的灾难”。当时鲍狄埃的诗就像一个风向标，很多人阅读，也有人竞相模仿，在图尔，当时甚至还出现了一首没有署名而题目与这首诗相似的诗歌——《难道不该人各一份吗?》。据说当时一位非常著名的巴贝夫主义派诗人在反动报纸上看到了对鲍狄埃这首诗的报道，还专程来拜访了鲍狄埃，祝贺鲍狄埃这首诗取得的成功。

鲍狄埃这个时期开始用“工人欧仁·鲍狄埃”作署名发表诗歌，鼓励工人起来争取自己的权益，批判腐朽没落的旧世界。鲍狄埃正式踏上了革命文学创作之路。

第二章

投身革命

无法禁锢的战士

七月王朝似乎没有听进鲍狄埃的奉劝。19 世纪 40 年代末的法国，金融贵族们过着花天酒地、骄奢荒诞的生活，广大劳动人民则生活在水深火热之中。然而，屋漏偏逢连夜雨，1845 年和 1846 年，法国又连续遭遇马铃薯病虫害和粮食欠收带来的严重饥荒。随后的 1847 年，发轫于英国的工商业总危机波及了法国，导致法国物价暴涨，工人大量失业。本来还能忍耐的民众，在饥寒面前不得不揭竿反抗了。这些斗争都将矛头对准了本地投机商人和资本家，工人们希望通过抗争来改善极度悲惨的生活境遇。但最后，这些抗争都遭到了资产阶级当局刽子手的血腥镇压，而投机商人仍然逍遥法外。多次的起义教育了民众，原来资产阶级都是一丘之貉，七月王朝才是咱们穷苦大众真正的敌人，必须起来同它斗争才有出路。

山雨欲来风满楼。1848 年初的法国，已是民怨沸腾，暗潮狂涌。鲍狄埃敏锐地觉察到这点，他在《复活节的鸡蛋》中写道：

可是要得到理想的白蛋，
必须经受斗争风雨的考验，
……
明天当我们获得了胜利，
决不饶恕逼我们斋戒的坏蛋！

《共产党宣言》

1848年注定是欧洲历史上不平凡而伟大的一年。2月，共产主义思想上的光辉名篇《共产党宣言》诞生了。这标志着马克思主义的诞生和国际共产主义运动的开端。几乎就在《共产党宣言》发表的同时，一场席卷欧洲的革命大风暴也爆发了，而法国二月革命正是这场革命风暴的中心。

1848年2月22日，以工人阶级为主力的巴黎人民走上街头，浩浩荡荡的队伍举行了大规模的游行示威。激愤的人群高喊口号，向波旁宫进攻，政府军见控制不住形势，于是举枪向工人开枪。敌人的枪口阻挡不了人群的热情。第二天，更多的人走上了街头，游行示威进一步升级，演变为武装起义。第三天、第四天，如历史上的街头巷战，巴黎街头筑起了街垒，塞纳河上又一次响起了巷战的激烈枪声。

鲍狄埃不是满足于书斋故纸堆的书呆子。他交出一篇篇战斗檄文的同时，也亲自走入人群中，拿起武器，喊着口号，希望与自己的战友们一起，鏖战沙场，冲锋陷阵，亲手埋葬这个腐朽的七月王朝。

2月24日凌晨，人群冲破了反动武装的重重关卡，冲进了代表权力的杜伊勒里宫。仓皇失措的路易·菲力浦灰溜溜地逃出了宫殿。面对胜利，群众欢呼雀跃，“共和国万岁！”这个响亮的口号再次响起。二月革命获得了成功！

群众的力量是巨大的！与群众并肩奋斗在前线的鲍狄埃，深切感受到蕴藏于群众中的伟大力量。于是他有感而发，写下了一首叫《人民》的诗。人民的形象在鲍狄埃的心中，如巨人般高大、伟岸：

脚踏泥泞，面对枪林，
几支旧枪作武器，
任凭饥肠辘辘，
不顾唇焦舌燥，二月里，正如七月间，
这战斗的巨人又挺身而起。

“巨人”的力量是巨大的，他们心中的渴求是正义的，“不自由，毋宁死”，这个伟大的口号也代表了他们内心深处的渴望：

他渴望这些权利，
即使用生命去换取也在所不惜。
在暴君的宫殿上，他用瘦削的手，
刻下了这样的字迹：
不自由，毋宁死。

鲍狄埃这首诗发表在当时支持二月革命的《工场报》上。在二月革命中，鲍狄埃为这家报纸撰写了大量的诗歌。

历史总是惊人的相似。七月革命中资产阶级攫取了政权，二月革命中，又是尾随工人的资产阶级又一次掌握了时局。这些资产阶级是多么狡猾啊！在菲利普的高压政策面前，资产阶级将工人群众推到第一线，而当群众推倒了王权、毁灭了王座，这些资产阶级又匆匆钻进市政厅，宣布成立临时政权。劳动者胜利的果实每每都被这些资产阶级所攫取。

“二月共和国在事实上不过是，而且也只能是一个资产阶级共和国。”刚刚握得政权的资产阶级，还没有足够力量与工人力量抗衡，于是假心假意作出让步，给工人权利。鲍狄埃同他的伙伴们一样，被假惺惺的资产阶级蒙骗，还满怀希望。当时，鲍狄埃参加了一个募捐运动，甚至把父亲留给他自己的唯一遗产——自己身上唯一值钱的一个银杯捐了出来。他还写了一封信，发表在四月份《法兰西共和国公报》上：

1848 年 2 月，法国爆发二月革命。

我父亲是一个穷苦工人……他给我留下的唯一遗产是一只银杯，特此捐献。

你们忠诚的同胞，绘图工欧仁·鲍狄埃
于蒙托盖街 65 号

人多力量大。除自己捐献外，鲍狄埃还写诗号召大家参加这个募捐活动：

我虽清贫，但仍要捐献，即使我将赤脚裸肩。

除此之外，鲍狄埃还写作了大量的诗歌，宣传“自由、平等、博爱”，歌颂资产阶级共和国所作出的一些举动和让步。当时刚刚执政的资产阶级成立了“卢森堡委员会”，声称要改善工人的劳动条件和解决就业问题。鲍狄埃真心期望这个委员会能“开辟通往进步的道路”，一个理想的“劳动的世界”就在前面向他招手。当普选法颁布和死刑废除的时候，鲍狄埃又高兴地写出了《普选》《废除死刑》等诗，大加赞赏。

理想虽然美好，现实却很残酷。二月革命仍然是一场换汤不换药的革命。资产阶级“许给无产阶级的那些诺言已成了新共和国所不堪忍受的威胁”，临时政府从成立的第一天起，盘算的是如何获取更大的利益，而非如何保证人民的权益。在经过了开始时期假惺惺的改革建树之后，当权的资产阶级露出他本来的面目，仍旧花天酒地，劳苦大众依旧生活维艰。七月革命的胜利带来的喜悦转瞬就被残酷压迫的悲苦所替代。这时候资产阶级开始摩拳擦掌，磨刀霍霍，将斗争矛头对准人民。临时政府开始采取一系列措施削弱和孤立工人力量。他们通过开办工厂，麻痹工人，使工人放松自己的警惕。同时，又用高薪招募反革命别动队，用来对付无产阶级。当时为了转嫁开办工厂的高额费用及解决财政困难的问题，他们又向农民和中小资产者征收高额的税收。种种措施全部是为了巩固自己的地位，削弱工人阶级的力量。

革命尚未成功，同志仍需努力！这时候的鲍狄埃已经开始逐渐认识到资产阶级的真面目。面对资产阶级日益加紧的剥削和压迫，他仍然坚持以笔为戎的理想，用诗歌战斗，写下《用歌曲作宣传》：

去投入战斗！
歌曲啊，
去投入战斗！

鲍狄埃以诗言志，表明了自己不愿坐在阁楼里从事脱离群众的创作，而是愿意到更广阔的空间去动员和宣传群众：

你要传播真理的光明，
使赤贫的农民看清：
与其让放债人的镰刀
先割去麦圈的收成，
不如让冰雹把庄稼毁尽。

诗人也相信，前途是光明的，明天是美好的：

世界就要改变面貌。
它正要逃出贫困这囚牢。
每个人都整装待发，
不怕那沟深山高。
快背起行囊，装满弹药！
去投入战斗！
歌曲啊，
去投入战斗！

虽然豪情万丈，但鲍狄埃这时的心情却不好，而且是差极了，对资产阶级政权的怀疑、愤懑、失望充满了他的内心：

身体说，我饿！我饿！
没有必需品供我生活；
贫困这蛆虫在啃啮死者，
但更厉害地把活人折磨。
何时我才能得到面包？
身体说，我饿！我饿！

鲍狄埃的诗真切地表达了当时群众的心境。人们本寄希望于资产阶级改善自己的生活境遇，结果还是如以前一样，生活于水深火热之中。身体业已非常贫乏，但这种希望过后深深失望带来的精神折磨更加严重。老百姓已经是愤激不满了。何时才能改观？

鲍狄埃在实践中，逐渐洞察了资产阶级的企图。在《杂货商给1848年立法议会的请愿书》中，鲍狄埃模仿资产者的口吻写道：

为保障商业界的利益，
必须有铁一般的手腕，
……
请你们仿效所有前任，
对这门生意严加保护；

我们要求共和国政府，
多给杂货商一些好处。

这时候的资产阶级政权，在鲍狄埃眼中，已经没有任何存在的价值和意义了。鲍狄埃在《该拆掉的老房子》中毫不留情地指出，资产阶级共和国大厦将倾：

这是一幢华丽的楼房，
看热闹的人对它大加赞扬，
但是它早已外强中干，
墙壁裂缝，地基下陷，
尽力支撑也是枉然。

正如鲍狄埃所说，第二共和国已经腐朽到根基，资本主义社会，此时也是矛盾重重，千疮百孔。资本家们，尽力维持这个日益没落社会的运行。鲍狄埃客观地说，即便维系，也是枉然。

诗人接着生动刻画了住在这老房子里的资产阶级。盘剥的高利贷，可以堆积到天花板；囤积粮食的投机商，心狠手毒，直到闹饥荒才肯卖掉粮食；收租的胖财主、“上流社会”的高级妓女……一方面是这群资本家过着纸醉金迷的生活，一方面则是劳动群众贫寒的生活：

还有一家挤在一间顶楼里，
全家饥寒交迫，冻得发抖，
父亲已进了济贫院。
死亡跟着外面的北风，
从瓦缝悄悄溜进房间……

对比的鲜明，彰显了劳资矛盾的不可调和，而建立在剥削和压迫基础上的资本主义社会，显然寿命不会太长，于是诗人预言：

这幢房子，

腐朽了，快垮了，
拆掉它，是时候了！

“是时候了！”是行动的时候了！是大家团结起来拆掉这座老房子的时候了！鲍狄埃呼吁着革命暴风雨的到来！

资产阶级的反动行为愈演愈烈，到六月，甚至到了登峰造极的地步。六月的时候，新上台的陆军部长卡芬雅克将大量的军队调集到巴黎，并且发布了一系列挑衅性法令。此时的鲍狄埃也分外愤怒，他写的诗，对资产阶级反动派的揭露越来越犀利。当时，国民议会讲坛上有人公开辱骂工人，称工人为“吸血鬼”。鲍狄埃于是以矛攻矛，写了一首叫《吸血鬼》的诗。什么是吸血鬼？“游手好闲的富翁、贴现者和奸商”，这些向劳动者撒开了吃人的“罗网”的人才是吸血鬼。要是谁掉进了他们所织的罗网中，“周身的血液便被吸光，直到死亡”。富翁们花天酒地，政客们吞噬国家财产，而那些被污蔑为“吸血鬼”的工人们，为了那点少得可怜的工资，被机器“切掉双臂”，“在矿井下呼吸有毒的气体”。

尽管诗人万分愤怒，但他还是很理性地指出，资本主义社会确实创造了极大的生产力，但是真正需要这些产品的穷人们，却无力购买这些产品：

时代的智慧创造出钢铁的臂膀，
成百倍地提高了劳动效率，
生产一浪高一浪有什么意义，
一无所有的穷人哪有购买力？

诗人深刻地表达了，工人并非“吸血鬼”，“吸金鬼才是吸血鬼”。

资产阶级的挑衅，已经使人心惶惶了。鲍狄埃这时也似乎按捺不住了，写下《介闷》：

我虽然对政治一无所知，
但行动是我的需求，
街上响起阵阵枪声，
人民奋勇前进，

走，筑街垒去！……
开火！再开火！我是雷霆，
我的灵魂在枪膛中沸腾。

鲍狄埃在《分娩》一诗中，用更形象的语言，比喻革命的时刻即将到来：

母亲，母亲，时候已到，
请用我们的红旗，
覆盖那新生的小宝宝！

诗人用母亲指代祖国，“我们的红旗”指代无产阶级的旗帜。诗人热切地表达了无产阶级对革命焦灼的期待。

在二月革命中，资产阶级和无产阶级为反对共同的敌人而斗争。当共同的敌人一被消灭，战场上就只剩下这两个敌对的阶级，它们两者之间就必然要开始决战。

在几个月的高压下，1848 年 6 月 22 日，巴黎东郊的工人区圣安东区，又一次响起了起义的号角。这些曾经是法国大革命和七月革命中的勇士们，又一次拿起了武器，向资产阶级开炮。这次起义完全是自发的，零散的，没有统一的指挥与布置，但即便如此，从 22 日到 26 日黄昏，居然坚持了整整五天。最后终于在敌人围剿下失败。

六月起义中，鲍狄埃又置身其中，甚至差点殒命。一边鏖战沙场，一边奋笔疾书，鲍狄埃写出一首首脍炙人口的诗歌鼓舞人们奋勇杀敌：

街道上响起排枪声，
人民英勇地向那里飞奔，
快，去建筑街垒！
……
开火，不断开火，
我是霹雳，
我的热血在枪筒里沸腾。

法国东部圣安东郊区

六月起义的失败令人心疼。在资产阶级的屠刀下，手无寸铁的工人纷纷倒下，一万一千多名工人被屠杀，二万五千多人被监禁或流放。在一次又一次的失败中，工人阶级逐渐认识到，面对强大的资产阶级，必须武装起来，只有用革命的武装，才能推翻反革命的武装。

在六月起义被镇压后的第五天，鲍狄埃写下了对资产阶级的控诉：

该死！那就死吧！这是我们的过错！
低下头，叉起胳膊，
连勉强糊口的工资也被剥夺，
这世道不容我们生活！
那就走开！干脆死掉，
咱们妨碍人家大吃大喝，
这宴席上没有我们的座儿，
该死！
弟兄们，该死啊！

这首诗和鲍狄埃的其他诗风格不同。其他的诗都充满斗志，乐观，积极，即便是控诉罪恶，也是为了鼓励战斗。但是这首诗，却有些悲观，似乎对这个罪恶的世界已经没有眷恋，该死吧，平民大众都该死。妇女儿童也不能幸免：

来吧，妇女们，别喊叫，莫哭泣！
来吧，孩子们，既然你们饿得奄奄一息！
杀人元凶们，快结束这个战役，
索性把我们斩尽杀绝，
不要把这监狱留给我们的劳工兄弟。
该死！
弟兄们，该死啊！

其实，笔者认为，与其说这首诗是诗人悲观厌世的表征，不如说是他对资产阶级凶残的控诉。这些刽子手们，拿起手中的屠刀，残忍地对待群众们，诗人用最残酷的语言把资产阶级的残酷表现得淋漓尽致。

在工人阶级觉醒的同时，资产阶级也在提高警惕。他们用一切可能的力量去打击一切革命者。鲍狄埃，这个革命的歌者，自然是他们眼中最大的钉子之一，是他们重点围剿的对象之一。屡次革命，屡次失败，心境已是凄寒，加上当权者的追缴，鲍狄埃这时候身体也出了毛病。“1848 年的失望和六月的暴行损害了我的健康，以致我二十年来一直病于神经官能症和脑充血。”

面对敌人的追捕，鲍狄埃不得不拖着病躯离开巴黎。他先是逃到凡尔赛附近的恕伊城，然后又来到巴黎东南的小城市枫丹白露，甚至远离巴黎，到了外省的许多地方。鲍狄埃被逼走到了法国东南边境的姆瓦朗，又因为当地政权的迫害，到了法意边境的一座城市——格勒诺布尔。

在格勒诺布尔，鲍狄埃寄居在朋友爱德蒙·古彼尔家里。鲍狄埃除了在朋友家教教孩子做做家教外，还在一家印染厂当过技工。这时候鲍狄埃身体已经非常欠佳，脑溢血曾一度使他接近瘫痪，接着又患了血管硬化症和高血压，几次出现脑血栓、心肌梗死等症状。为了战胜病魔，身患疾病的鲍狄埃仍然坚持锻炼，星期天便带自己的学生去登山。

鲍狄埃的朋友见鲍狄埃的情况不太乐观，劝鲍狄埃休息，医生也建议鲍狄埃不要再写诗了。写诗是脑力劳动，鲍狄埃所患的疾病也不太允许他高强度的脑力劳动。但鲍狄埃不听劝诫。就如一个无法禁锢的战士，鲍狄埃充满了战斗的能量与决心，他不愿意停下创作，他要用自己的笔继续战斗。他有一首诗叫《林中小径》，就像自己永不停歇的战斗生命的写照：

我大脑虽然有病疾，
但心情仍然舒畅。
我在人生的道路上披荆斩棘，
恰似这林中小径，
穿过无数野生的蔷薇和蒺藜。

尽管病痛缠身，尽管敌人追缴，尽管革命形势低迷，但这些都阻挡不住鲍狄埃的创作步伐。他要将自己的激情化作一首首美妙的诗篇，鼓励民众奋勇向前，迎接新的胜利曙光。

诗歌作为武器

伟大导师列宁曾这样评价鲍狄埃：

从 1840 年起，他就用自己的战斗歌曲对法国生活中所发生的一切巨大事件作出反应，唤醒落后的人们的觉悟，号召工人团结一致，鞭笞法国的资产阶级和资产阶级政府。

鲍狄埃虽然身在格勒诺布尔，但心系巴黎。不久，他便突破重重困难，回到了自己日思夜想的巴黎。鲍狄埃到了巴黎，重操旧业，靠绘制印花布图案维生。同时也经常参加各种诗社的集会。虽然他们面临着警察干探的监视，但鲍狄埃和他的朋友们，千方百计躲过这些挠人的骚扰，聚集起来，交流和讨论作品。著名诗人贝朗瑞和彼尔·杜潞也经常在这些诗社集会上出现。鲍狄埃出色的创作才华显然给他俩留下了深刻的印象。

六月起义失败后，鲍狄埃怀着坚定的革命信念和最终胜利的决心，创作了一首名为《诗歌的宣传》的诗。诗社集会上，鲍狄埃饱含深情地朗诵了这首诗：

世界必须脱胎换骨地改造，
社会将不再受贫穷的煎熬，
……
背上你的行囊呵，带足弹药，
诗歌呀，快吹响你战斗的进军号。

当时听众无不沉浸在这首极富渲染力的诗歌中。杜滂也被这首诗深深感动。听罢鲍狄埃的诵读，杜滂对身边另一位颇具名气的诗人由衷地说道："他将超过我们两人。"1848 年杜滂屈服于第二帝国的压力，变节了。而鲍狄埃仍然坚定地走在为工人为民众创作的道路上，为无产阶级斗争贡献了毕生精力。

路易・波拿巴

六月起义被资产阶级镇压了，但资产阶级共和国的统治也并未持续太久。1848 年 12 月 10 日，共和派在选举中败下阵来，路易・波拿巴以绝对优势击败共和派的卡芬雅克当选为总统。

其实路易・波拿巴能当选，也得益于当时广大的民众。路易・波拿巴以“取消盐税”为竞选口号之一，这正好抓住了民众的心思。加上当时各个阶级已经对当权的资产阶级的所作所为失望透顶，于是大多数人都走向票箱，将选票投给了波拿巴。

令人们万万没想到的是，天下乌鸦一般黑。波拿巴在登上总统宝座第一天，就食言了。波拿巴宣布“恢复盐税”，更雪上加霜的是，在就职一周年日，还宣布恢复“葡萄酒税”，这可是法国人民最痛恨的一项重税啊。

波拿巴政府实质上仍然是金融家政府，当时波拿巴任命高利贷者富尔德为财政部长。鲍狄埃一眼就窥见了其中的猫腻，于是在《银行家卡杜施》中一针见血地指出：

交易所是最理想的匪窟，
金融家在那里运筹帷幄，
一个电报员和他狼狈为奸，
同谋的还有政府。

这些昔日为非作歹的人，在新政府下摇身一变，又成了当权者：

巴黎的贵人全都涌向我的舞会，
法官在那里谈笑风生，
警察局长派来市政府的卫兵，
给我把守大门。
我祖父死在绞刑架上；
幸运的是时代变了样，
我们这号人物，
竟带上荣誉勋章！

波拿巴很快露出了自己狰狞的面目，通过一系列动作，终于在1852年12月2日，正式称帝，建立了法兰西第二帝国。法国人民深恶痛绝的帝制又一次死灰复燃，统治了法兰西民族。恩格斯指出：

1848年6月的失败使法国并且通过法国使整个大陆具有这样一个反革命的方向。现在建立起来的拿破仑帝国不过是近三年来反革命势力的一连串胜利的顶峰。

鲍狄埃是“反革命势力胜利”过程的亲历者。目睹着黑暗势力的风起云涌，鲍狄埃思绪澎湃。一方面，他坚定地表白，自己绝不会向反动力量妥协。他在《入共济会申请书》中写道：

从政变到9月4日（即1870年9月4日推翻第二帝国的革命），我一直是不妥协的：与扼杀法律的刽子手和解，就是无耻的叛卖。

另一方面，又以《谁来替她报仇?》鼓舞人们起来推翻这黑暗的封建复辟：

共和国死了，
人们把她装进棺柩，
我是她的掘墓人，
天啊，谁来替她报仇?

这首诗题为《谁来替她报仇?》的诗，是鲍狄埃在政变后的第三天写出来的。鲍狄埃的诗，有很大的时效性，最及时地传达了自己所处时代所在国家的变化。他的诗，更是一种态度的传达——永远与资产阶级的反动统治势不两立。诗中，鲍狄埃还用形象的比喻，去描述波拿巴统治下的法国——“不见月亮，也不见太阳”，“毒蛇猛兽”“纷纷出动”，如“墓地的蛆虫”般的反动势力，啃噬着共和国“高傲的头”，曾经所珍视用鲜血换来的权利，“横遭践踏，盟誓撕成碎片”，“刽子手举行加冕礼”的钟声震耳欲聋，“狐朋狗友”在“通宵达旦”地狂饮……好一幅朱门酒肉的场景！

啊！为了把国家攫为己有，
他叛卖共和国，对她狠下毒手，
他喝干了她的鲜血，
天啊！谁来替她报仇?

尽管如此，鲍狄埃并没有对未来失去信心，他坚信，只要大家团结起来，将迎来一个春光明媚、草长莺飞的活力世界：

大地将新生，
铁锤将歌唱，
劳动将焕发异彩；

玫瑰将红花盛开。

鲍狄埃对新建立的帝国是极尽讥讽之能事，讽喻是鞭辟入里，辛辣贴切。在批判的结尾，肯定会话锋一转，向读者展示一个美丽的新世界，给读者以希望与信心。

第二帝国给人民带来的不仅仅是昔日臭名昭著的封建势力的横行霸道，更是对人民自由权利的践踏。鲍狄埃在《言论冻结》中深刻描述了生活在噤声环境中人民的痛苦：

断断续续，
话刚出口，
就被严寒冻结；
再也没有集会，
即使用方言。
到处飘着雪片似的无声的语言。

对于人们的声音，明智的做法显然是疏导而非禁止。只有人民能正常发表自己的意见，政府能妥善处理，才能在人民和政府之间形成良性的循环，才能保证政府正常运转。反之，如果一味视人民的意见为洪水猛兽，不敢正视，也不许人民发声，那当人民的“无声的语言”冲破束缚“解冻”的那一天，便将成为“巨澜”，冲击力和破坏力是相当大的：

啊！当言论一旦解冻，
我们将听到语言的狂澜！
啊！当言论一旦解冻，
将使我们震耳欲聋！

第二帝国的统治不仅建立在对本民族的奴役与欺压之上，也建立在对别的民族的烧杀之上。每一个有良知的中国人，都不会忘记八国联军那一把火，将美丽的圆明园——这座人类园林史上辉煌的一笔烧得只剩几根断壁残垣。第二帝国军队就是当时穷凶极恶八国联军中的一支。

鲍狄埃对第二帝国的穷兵黩武深恶痛绝，写《战争》一诗斥责道：

炸弹撕破夜幕
大火吞没城市
鲜血正在流淌……快喝吧！
你——所谓人类。

鲍狄埃不仅是一位民族主义者，更是一位有着博爱精神的世界主义者。他对第二帝国的斥责建基于对法兰西民族的热爱，更建立在对世界共同文明及各族人民和平共处的热爱之上。第二帝国对中国的侵略，对意大利的战争，对墨西哥的战争，鲍狄埃一一记录在案，《拉巴里斯·拉塔布瓦尔》《妇女的罢工》《兵营与森林》等诗歌，都谴责了第二帝国侵略外族的行为，鼓励人民起来抵制战争。

人口太多的危害极大，
失业是由于劳力容纳不下，
为了避免人吃人，
必须经常互相残杀！

可以说，鲍狄埃的认识水平是相当高的，一针见血地指出资本主义国家发生战争的根源就是在转移生产过剩。

鲍狄埃抵制战争，呼吁和平；同情外族，宣扬博爱；反对压迫，张扬平等。他的诉求某种程度上也是人类共同的心声。所以，鲍狄埃的诗歌不仅仅是法兰西民族的精神食粮，更能够穿山越岭，跨越国境，飞向他国。

1858 年，俄国一家名为《同时代人》的革命杂志对鲍狄埃的诗歌宣传活动进行了介绍。这篇报道的作者叫米哈伊洛夫，他曾经在巴黎待过一段时间。当时正是巴黎诗社兴起之时，米哈伊洛夫也经常参加诗歌集会。他回忆了一场有鲍狄埃在场的诗歌集会。鲍狄埃给他留下了非常深刻的印象。当晚，鲍狄埃吟诵了《该拆掉的老房子》《言论冻结》《她什么时候才能到来?》三首诗歌。米哈伊洛夫对《她什么时候才能到来?》印象尤为深刻：

我在等候一位姑娘，
一位心爱的美人。
我不断呼唤着她，反复向路人打听。
哟，我在等，我在等，
还要等到什么时辰？
……
我被出卖如同奴隶，
叫我拉扯好比畜牲。
战争日益变得残酷，
高利贷者越逼越紧。
……
这个喝我的鲜血，
那个把我的骨髓吸吮，
我贫困成这个样子，
因而也就横下了心。
……
哦，姑娘，你快来呀，
快来解救你的爱人。

米哈伊洛夫回忆当时自己听到这首诗，“真想再听一遍，大概听了第二遍以后还会想听第三遍”。他还断言：“这首歌必定会深入民间，因为它完全可以同贝朗瑞和比尔·杜滂的最好的诗歌媲美。”米哈伊洛夫的感受不仅仅是他个人的感受，也是当时在场人的共同感受。当晚，有一个女演员听了这首诗后，满眼含泪地一遍又一遍地吟唱起这首诗中的叠词部分。

文学的魅力就在于此。优秀的文学作品可以穿越时空，直达世界上每一个角落里人的心里。鲍狄埃的诗歌对当权的资产阶级冲击太大了，于是一些资产阶级的“学者”装出一副道学家的姿态，指斥鲍狄埃的诗没有学术含量。什么叫学术含量？是埋首故纸堆，是咬文嚼字，还是如这些资产阶级学者们为当局鼓噪庇护？以学术之名，行政治之实，打击、排斥民间艺术家，才真正是对学术的亵渎。有生命力的文学作品，应该是朗朗上口、人人竞相传颂的，是极富鼓动力和渲染力的，而鲍狄埃的作品正是这样。鲍狄埃是一个真正的优秀文学家!

迎来第一国际的曙光

马克思对法国六月起义后民众的思想变迁有这番考察:

在6月遭受了沉重的物质失败的无产阶级，不得不在精神胜利方面去寻求达到新高涨的途径;既然其余各个阶级的发展程度还不允许无产阶级夺取革命专政，它就势必投到幻想无产阶级解放的空谈家的怀抱中去，即投到那些社会主义流派的创始人的怀抱中去。

遭遇六月失败的鲍狄埃也经历了这样的一个思想探索过程。六月失败后离开巴黎的鲍狄埃，曾一度从法国空想社会主义者著作中探索新的出路。考察鲍狄埃从50年代到60年代的作品，可以看到他的诗歌里透着傅立叶空想社会主义的影子。鲍狄埃自己也说:

1848年打开了我的心灵和头脑。我阅读了傅立叶的著作。我变成了如人们所说的“狂人”，并在诗歌中表现了他的思想。

傅立叶

傅立叶对资本主义制度的批判引起了鲍狄埃的共鸣;傅立叶描述的人人劳动、人人平等的“法朗吉”，勾起了鲍狄埃对未来大同社会的向往;傅立叶关于人类社会不断发展的观点，给目睹了重重失败的鲍狄埃以信心和勇气。在鲍狄埃此时期的诗作中，也可以看见他对天下大同的渴求。在鲍狄埃眼中，未来社会是一个没有杀戮、没有灾难、没有人吃人的“新世界”。在这个充满爱的新世界里，“劳动、正义和爱情”将“统治大地”，大家都用手中的铁锤建造着自己幸福的庄园。可以说，如傅立叶等空想社会主义家一样，这时候的鲍狄埃一度沉浸在一个美妙的空想社会中，鲍狄埃自己也说，这时候自己的诗作“过多地沾染了神秘主义和泛神论”。

但鲍狄埃并非盲从，也客观冷静地看出了傅立叶学说的缺陷，这也是他与傅立叶最根本的区别。“傅立叶主义还有一个而且是非常重要的一个不彻底的地方，就是它不主张废除私有制。”工人家庭出身的鲍狄埃，对资本主义的剥削和压迫早就深恶痛绝了。他认为资本主义剥削制度太黑暗了，黑暗到“连天上都没有星星”。傅立叶还鼓吹阶级调和，主张用和平的手段来建造自己所梦想的“和谐制度”。鲍狄埃显然不赞成这一点。六月失败让鲍狄埃清醒地认识到，资本家“像杀戮野兽一样地杀戮工人”。如此残忍的杀戮下，还有和平可言吗？和平只能是痴人说梦，是自我欺骗。六月起义后不久，鲍狄埃就愤怒地呐喊——“世界必须脱胎换骨地改造”。资本家的枪口永远指着劳动人民，“军队是统治者手中的螺丝帽，用来拧紧手无寸铁的人民颈上的锁套”，因此，人们要起来，“拔掉这螺丝帽”。鲍狄埃也清楚明白自己与调和主义傅立叶的这种区别，他说自己的革命主张，就像傅立叶主义的“‘大师们’的粗腿下的爆炸”，“对于这种温和的民主来说，我是过于革命了”。

推崇不等于盲从，信任不等于信仰，这是一个成熟思想家的重要标志。尽管深受傅立叶主张和学说的影响，但鲍狄埃的思想并未就此却步，他还在苦苦探索，探索一条能真正打破这个旧世界枷锁的真理。而这个时候，第一国际的成立，就如一缕曙光，照进了鲍狄埃的世界，给他带来了新的希望。

50 年代末，欧洲局势发生巨大变化，民族民主运动和工人运动开始重新走向高涨。这样的局势呼吁一个带有国际性质的组织，来整合各国工人阶级的力量，推进革命的发展。

1864 年 9 月 28 日，在马克思、恩格斯的领导下，国际工人协会在英国伦敦正式成立。这就是我们熟悉的第一国际。第一国际是“用真正的工人阶级的战斗组织来代替那些社会主义的或半社会主义的宗派”，“奠定了国际无产阶级争取社会主义斗争的基础”。第一国际努力将国际工人阶级团结在一起，同各种机会主义做斗争，并为马克思主义的广泛传播，作出了巨大的贡献。

第一国际著名的《成立宣言》和《共同章程》是马克思亲自起草的。

《成立宣言》指出，“夺取政权已成为工人阶级的伟大使命”，并号召“全世界无产者联合起来”！《共同章程》开篇就明确指出：“工人阶级的解放应该由工人阶级自己去争取。”这些振聋发聩的主张，穿破了资本主义统治的重重黑暗，将国际共运史推向了一个新的阶段。

1866 年第一国际日内瓦代表大会的代表

第一国际的影响也遍及了法国。从 1865 年起，巴黎及法国其他城市相继成立了第一国际的法国支部。鲍狄埃在自己战友的影响下，开始关注起第一国际来。他认真研读了第一国际的《成立宣言》和《共同章程》，并将这两个文件中的很多思想和口号烂熟于心，铭记于心。鲍狄埃一直在寻觅工人运动的出路，可以说，这时候他才找到了真正的出路。无产阶级必须团结起来，以暴风骤雨的革命，去推翻资产阶级的统治，建立无产阶级的政权，才能结束这暗无天日的黑暗。这是鲍狄埃 1870 年《小传》中的一段自我描述：

许多人把他当作狂人，
因为他对信念无比坚贞，
在每一处拐弯的地方，

都要对他喊：留神！
但一旦成为旗手，
任何困难都不能把他拦阻！

自从接受了马克思主义，鲍狄埃就如一个找到了利器的勇士。在革命真理的引导下，任何艰难险阻都阻挡不了鲍狄埃前进的步伐。这个时候的鲍狄埃，洞悉了阶级斗争的原理，更加期待一场彻底的社会革命的到来。而这个时候的形势，似乎也是一触即发。“人民激动了；革命快要来到。”鲍狄埃期待着革命的烈火熊熊燃烧，奋笔写下了著名诗篇——《她何时到来?》。这首诗本来是他在50年代的一篇旧作，原来题为《雅克和玛丽亚娜》。雅克代表法国人民，玛丽亚娜是法兰西共和国的象征。诗歌表达了法国人民对共和国的向往。经过修改后，更加突出法国人民对革命的向往。

我呼唤她，呼唤她，
对过往行人谈论她。
啊！我等待着她，等待着她！
难道我还要等待很久吗?
假如没有她啊，
我只能在死亡线上挣扎。

诗中的“她”是一个美丽的少女，代表了革命。“我”则意指法国人民，表达了法国人民对社会革命的急切向往。帝国统治下，民不聊生，诗人生动地刻画了这一景象：劳动人民“饿着肚皮，光着脚丫”，“在冰天雪地中冻得发抖”，被人“当奴隶出卖”，“当牲口把车驾”。高利贷者“吸干我的骨髓”，战争“又把我的鲜血挤榨”。所以我们多么急切地盼望着“她”的到来，盼望着社会革命的到来。只有“她”，才能挽救水深火热中的人民。“来吧……快来吧！”“难道我还要等待很久吗?”鲍狄埃发出深切的呼唤，替千百万正在受苦受累的老百姓发出急切的呼声。这呼声终将会汇流成河，转换为巨大的能量，推动改天换地新革命的到来。

加入第一国际的鲍狄埃，思想上经受真理的洗礼，萌发出许多灵感，创作了越来越多的诗篇。但鲍狄埃不是一个耽于写作而置实际工作于不顾的人，他也是一个实干家。鲍狄埃就像一只不知疲倦的蜜蜂，忠心耿耿，尽职尽责，努力去宣传和组织工人。

鲍狄埃以自己在巴黎森缔热街29号的工作画室为主要据点，常常将巴黎工艺美术工人聚集起来，向他们宣传新的革命思想。在鲍狄埃等人的努力下，1870年3月30日，巴黎五百多名工艺美术工人建立起了自己的工会组织，并加入了第一国际组织。

1870年4月18日，第一国际法国支部在瓦尔兰主持下召开了全体成员大会，并成立国际工人协会巴黎支部联合会，鲍狄埃当选为联合会的委员。

加入第一国际后的鲍狄埃，顿时焕发了新生。昔日还在慢慢探索的他，已经有了明确的目标。成立红色的公社，建立一个工农共和国，是他心里最炙热的梦想。他知道，为了实现这一理想，必须付出艰辛的努力，甚至牺牲生命。他写道：

要进步就得为它献身，
分娩流血是为了新生，
要实现伟大的斗争目标，
就得担负艰辛的重任。

鲍狄埃和他的战友们，兢兢业业，夜以继日地工作着。他们知道前路漫漫，道路坎坷，但他们仍满怀希望地等待着迎接新的胜利的曙光。

第三章

恪尽职守

3 月 18 日起义

19 世纪的欧洲，一边是正义力量的快速发展，第一国际的成立，为黑暗世界迎来了一缕新的曙光；一边则是战争潮流暗涌，战争的导火索一触即发。法国也是如此。鲍狄埃和他的战友们，团结在第一国际周围，为宣传马克思主义这一进步思想不遗余力。工人阶级的觉醒，法国人民对波拿巴政权不满声音的高涨，罢工和反抗接连不断，这些都刺激着当权者波拿巴的神经。波拿巴知道，自己必须有所作为，必须将工人阶级对自己的不满发泄出来，否则自己的统治地位则无法保障。善于玩弄权术的波拿巴，又在开始谋划下一步棋——利用对外战争转移国内阶级斗争的视线。在波拿巴看来，用民族矛盾掩盖国内的阶级矛盾，无疑是一个很好的伎俩。而这时候普鲁士的铁血宰相俾斯麦，早就觊觎法国的亚尔萨斯和洛林，早已磨刀霍霍了。

妄图占领德国莱茵河左岸地区，以称霸欧洲——这一幅雄伟的战争蓝图，是热衷于战争的波拿巴政府构建的。当法国资产阶级沉醉于这番虚构出来的美好之时，鲍狄埃及其战友却保持了相当的理智和冷静。早就受够了战争之苦的“鲍狄埃”们，清楚地知道战争带来的生灵涂炭，清楚地明白战争带来的痛苦。1870年7月12日，普法战争爆发前夕，鲍狄埃参与签署了《告全世界各民族工人书》，发表在《觉醒报》上。《告全世界各民族工人书》声称：

俾斯麦

在保持欧洲均势和维护民族荣誉的借口下，政治野心又威胁世界和平了。法国、德国、西班牙的工人们！把我们的呼声联合成为共同反对战争的怒吼吧！……我们渴望和平、劳动和自由，我们坚决反对那些能恕免“血税”并利用社会灾难来进行新的投机的人的黩武号召！……德国弟兄们！我们相互仇视只会使专制制度在莱茵河两岸都获得完全胜利……全世界的工人们！不论我们的共同努力在目前会产生怎样的结果，我们这些不分国界的国际工人协会会员，总是代表法国工人向你们表示良好的祝愿和敬意，作为我们牢不可破的团结的保证。

和平是世界上最广大人民的共同心声。《告全世界各民族工人书》发表后，立刻引起了较大的反响。法国各地支部都对《告全世界各民族工人书》表示欢迎，纷纷发表宣言支持和平的主张。德国工人阶级也庄严地表示：

我们谨记着国际工人协会的“全世界无产者，联合起来！”的口号，永远也不会忘记世界各国的工人都是我们的朋友，而世界各国的专制君主都是我们的敌人！

1870年7月19日，蓄谋已久的法国向普鲁士宣战，普法战争爆发。7月23日，第一国际发表了马克思亲自起草的《关于普法战争的宣言》。《宣言》对《告全世界各民族工人书》给予肯定，也援引了其中的不少文字。对法国和德国工人阶级之间的互动，马克思给予很高的赞誉：

官方的法国和官方的德国彼此进行同室操戈的斗争，而法国的工人和德国的工人却互通和平与友谊的音讯。单是这一件史无前例的伟大事实，就使人们可以展望更加光明的未来。这个事实表明，同那个经济贫困和政治昏聩的旧社会相对立，正在诞生一个新社会……

《宣言》还明确指出“全世界无产者，联合起来!”这个响亮的口号已经深入人心，现在各个国家的工人阶级中的优秀分子，都已把自己的革命斗争，视为整个无产阶级解放事业中的一个组成部分，这样一种趋势昭示着一个“光明的未来”，象征着一个“正在诞生”的“新社会”。

普法战争的激战场景

波拿巴发动的普法战争，不管结局如何，已经暗示了波拿巴王朝的悲剧结局。普法战争打着称霸欧洲的幌子，实际上已经是穷途末路的波拿巴政府的一种不得已而为之的选择。早就已经丧失人心的波拿巴政府，想通过发动战争来转移人民对自己的仇恨。他们完全没有料想到的是，这种策略竟然弄巧成拙。人民对政府的旧仇不但没有转移，反倒又激起了人民对政府的新恨。本来法国人民还只是不满意波拿巴政府内政的窳败，波拿巴政府不想着去改进统治，反倒用烧钱的对外战争来进行新一轮的剥削，现在人民对波拿巴政府的外交政策也有诸多不满了。法国国内已经是怨声载道了。更悲剧的是，波拿巴政府显然还选错了对外战争的对象。如果选择一个羸弱的对手，还可以打败对手，稍微挽回一点儿声誉，结果自己准备拿日渐强盛的普鲁士来作对手，这简直是自寻死路。普鲁士的“铁血宰相”俾斯麦并非虚名。在俾斯麦的改革下，德国国内已经获得了很大的发展，国内复兴欣欣向荣。有了强大的国力基础，对外战争也有了底气。俾斯麦性格强硬，外交政策也同样奉行“铁血”。对法国的挑衅，自然是大力回击。战争初期，俾斯麦便调集了五十万大军进行反攻。这五十万大军是普军最优良的军队，而当时波拿巴政府才拿出二十万的军队去挑衅他们，人数本来就不占优势，加之波拿巴政府平日疏于军队操练，军力也不如人家。所以，这场战争注定是波拿巴政府的失败。战争刚开始，法国前线后勤就脱节，法军一下就成为了阶下囚。消息传回法国，民众震惊之余，更是愤怒。在色当战役中，有十万法军被俘。9月2日，不可一世的波拿巴被普军抓获，9月4日，巴黎工人、市民、国民自卫军纷纷组织起来，包围了市政厅，解散了议会，推翻了第二帝国。与前几次一样，这一次革命的果实又一次落到了资产阶级的手里，资产阶级共和派和奥尔良派组成了临时“国防政府”。这时候法国进入了法兰西第三共和国阶段。

波拿巴的投降给了俾斯麦乘胜进攻的信心。这一阶段，普鲁士的战争由正义的防御战争变为侵略战争，而法国人民不得不起来抵抗，要求第三共和国起来反抗外敌。但是刚刚成立的第三共和国关注的焦点并不在于抵御外敌，而在于如何巩固自己的统治。在这种情况之下，9月9日，第一国际发表了马克思再一次起草的《关于普法战争的宣言》。《宣言》号召，法国工人起来“执行自己的公民职责”，抵御外敌，保卫祖国；但同时，也提醒法国的工人们，不要被第三共和国迷惑，要充分“利用共和国的自由所提供的机会，去加强他们自己阶级的组织”，“为法国的复兴和我们的共同事业即劳动解放的事业而斗争”。

当时第一国际巴黎支部也为反侵略战争做了很多工作。“国防政府”成立的当晚，第一国际巴黎支部和工会联合会在科尔德里大厅的国际会址举行会议。会议决定，在巴黎的二十个区里各成立一个警备委员会，由各区的四名代表组成二十区的中央委员会，以反对“国防政府”投降的行径，要求武装人民，保卫巴黎。鲍狄埃也在第一国际巴黎支部联合会的推荐下，当选为第二区警备委员会和二十区中央委员会委员，并参加了第二区群众运动的领导工作。

这时候，由抗战群众组成的“国民自卫军”已经扩建了一百九十四个营，总计达到了三十万人。鲍狄埃便是“国民自卫军”中的一员。此时的鲍狄埃已经年过半百了，身患高血压，右手瘫痪，但在祖国危急的关头，他毅然投入战争，与法国人民一起为保卫祖国而战。

虽然人民骁勇善战，但由于当政的“国防政府”不抵抗，普军长驱直入，在9月19日完成了对巴黎的包围。巴黎人民已经能看到普军依稀的硝烟，除了战斗，巴黎人民已经没有什么退路可言了。鏖战沙场的鲍狄埃握着枪，但仍没忘记自己的笔头。在巴黎危如累卵的关头，他写下了一首首鼓励的诗篇。1870年，他写下了《自卫吧，巴黎》，用悲壮的语言提醒人们重视日渐危急的形势，用犀利的语言讽刺悍然发动战争的第二帝国，用煽情的语言鼓舞人民奋起抗争：

你可曾听见敌人的步伐？
巴黎，多么沉痛的惩罚！
在你的小丘上已经看见
德国军队前哨的硝烟。

而这危险境地，是谁造成的？是“第二帝国”。鲍狄埃将矛头指向了罪魁祸首第二帝国：

他们为了追求自己的私利，
竟让国家一天之内威望扫地，
这就是强盗们的统治
使法兰西落到这步境地。

尽管如此，鲍狄埃仍然深信，腐朽的第二帝国埋葬不了巴黎人民抗争的勇气，巴黎人民是英勇不愿屈服的民族：

敌人要攻进城来，那是妄想！
我们人心振奋，斗志昂扬。
妇女都拿起了熔化的松脂，
勇敢的孩子为搬运石头奔忙。
你要变成岩石，变成堡垒，
前进，巴黎，我的同志啊，
你快拉动绳子把警钟敲响！
自卫吧，巴黎，自卫吧！

巴黎人民为保卫巴黎英勇而战，却敌不过“国防政府”对祖国的背叛。1870年9月中旬，外交部长法夫尔秘密会见了俾斯麦，开始了投降谈判。10月27日，巴赞元帅率十七多万的士兵向普军投降。“国防政府”投降的消息传至巴黎人民耳中，顿时引发了激烈的反应。10月31日，巴黎人民集中在市政厅广场，冲进了市政厅，软禁了“国防政府”的首脑人物。鲍狄埃也在这次起义的人群中。起义虽然失败了，但是却为下一步行动提供了方向。起义部队在二十区中央委员会的领导下，提出了要推翻“国防政府”，建立公社的斗争目标。可以说，这是巴黎公社思想的最初萌芽。

鲍狄埃身临10月31日起义中。他看到了人民的力量，看到了“国防政府”卖国行为的可耻，于是在起义第二天，他便写下了《1870年10月31日》，号召人民继续奋战，推翻这卖国的“国防政府”，建立自己的公社：

人民感到自己已被出卖，
呼天唤地也是白费力气。
我们已经占领了市政厅，
巴黎，你快宣布公社成立！

鲍狄埃对人民能建立公社也充满必胜的信心：

金章绶带的将军毫无行动，

我们赤脚的人们向前冲锋，
快成立起红色的公社，
像一轮红日升入天空！

在鲍狄埃的诗篇中，可以见着一幅人民欢欣庆祝的场景：

从今晚起：我们要尽情欢乐，
让法夫尔和特罗胥任人唾骂。
在敌人撤退的城墙周围，
巴黎将跳起卡马尼奥拉。
人们将看到健壮的劳动群众，
追捕资产阶级的逃亡分子，
他们将把巴赞这伙狐群狗党，
在法兰西古老的橡树上吊死！

10月31日起义失败后，普军包围了巴黎，切断了巴黎和外界的一切联系。在共同的民族敌人面前，法国的资产阶级居然“攘外必先安内”，非但不抵抗外敌，反而将矛头指向了法国人民。资产阶级利用被封锁的时机，囤积居奇，大发国难财。这时候的巴黎，可谓内外交困，物价不断攀升，燃料和粮食供应不足，人民水深火热。正义的鲍狄埃在《偷盗者格杀勿论》这首诗中，用辛辣的笔触揭露出资产阶级贪婪的嘴脸——敲骨吸髓掠夺人民的大资本家、流氓成性的波拿巴党徒、专事诈骗的教士、囤积居奇的投机商……

揭露的目的是为了鞭策。民族危机面前，无所作为的资产阶级已令人心寒，鲍狄埃一如既往地从人民中寻找前进的动力：

但事实却不然！人民真傻！
这些大盗一个个逍遥法外，
一排子弹却射穿了
几个穷叫化子的脑袋！
他们饿得走投无路，
为了养活自己的亲人，

只不过拿了……几块面包！
“偷盗者格杀勿论！”

资产阶级无所作为，甚至反作为，人们只有自己武装起来、行动起来，才能赢得民族解放。一场人民解放的正义事业正在紧锣密鼓地谋划着。11 月 26 日，作为巴黎工人协会总会的发起人之一，鲍狄埃代表总会在第一国际巴黎支部联合会上联名发表了《告城乡劳动者》，并在宣言上签字。宣言明确打出建立一个“工农共和国”的目标。1871 年 1 月 6 日，二十区中央委员会发布《红色公告》，号召人民起来，推翻投降的国防政府，建立公社。《红色公告》的战斗口号非常激烈：“负责国防的政府完成它的使命了吗？没有！……这个政府的继续存在就会导向投降……让位给人民吧！让位给公社吧！”随后，巴黎人民选举出国民自卫军中央委员会，负责统帅整个国民自卫军。这个中央委员会中纳入了瓦尔兰等第一国际会员，注入了非常有力的革命力量。

1 月 21 日，巴黎人民再次起义，起义的目标仍然是推翻“国防政府”。鲍狄埃又一次参加了起义。与前几次起义一样，这次起义也是以失败告终。但种种起义给人们以血的经验与教训，必须团结起来，方能战胜敌人。种种起义也预示了，巴黎人民已经觉醒，革命大风暴即将来临。

即便是在普鲁士军队围困巴黎的时期，鲍狄埃也没有忘记创作，没有忘记用诗来表达自己内心的诉求。这个时期，他相继写作了《威廉和巴黎》《担架兵》等，还有诗歌体的《小传》。《威廉和巴黎》一诗中，诗人严格区分了侵略者威廉和普鲁士人民，还歌颂了巴黎人民血战到底、决不投降的英雄气概。《担架兵》一诗，塑造了一个白胡子老担架兵的形象。这个年迈的担架兵，为了祖国，为了民族，战斗在最前线，这从侧面表达了法国人民保卫祖国的决心和勇气。诗人借这个老担架兵之口，向敌人表达了法国人民誓死保卫祖国的决心：

毛奇就这样把我们蹂躏，
这野兽夺去了我的右手，
但是我举起左手怒吼：
“你们休想把巴黎夺走！”

鲍狄埃为自己作的《小传》结尾，是诗人自己为自己写的墓志铭。诗人已经准备好了，随时为革命奉献自己的生命。

当人民还在为正义而战时，临时政府却在 1 月 28 日签订了投降卖国的“巴黎投降和全面停战协定”。投降换来了资产阶级暂时的和平。2 月，资产阶级于波多尔召开所谓的“国民议会”，选出了以梯也尔为头目的新政府。新政府上台，反倒抓紧时间卖国。2 月 26 日，刚刚上台的梯也尔与俾斯麦签订了《和约草案》，普法战争正式宣告结束。结束战争是以弱国的牺牲为代价达成的。《和约草案》割让阿尔萨斯等地给普鲁士，还赔偿五十亿法郎。屈辱的条件更激起了人民心中反抗的意愿。

面对咄咄逼人的外敌，面对软弱无能的新政府，巴黎人民决心和反革命政府斗争到底。2、3 月间，国民自卫军举行全体代表大会，选出了国民自卫军中央委员会。鲍狄埃当选为中央委员。这成为不久到来的大革命风暴中的领导中心。

《和约草案》签订后，普军占领了巴黎的一个角落。巴黎人民也在准备着向敌人反击。蒙马特尔的应对代表建立了自己的委员会。人们在巴黎的十几个地方架起了大炮。国民自卫军占领了巴黎郊区的弹药库。

“在忍受了六个月与其说是外部敌人不如说是内部叛变所造成的饥饿和破坏之后，他们在普军的刺刀下起义了……”到 3 月份的时候，万事俱备，只欠东风。巴黎人民已经整装待发了。梯也尔的反动武装也在磨刀霍霍了。3 月 18 日凌晨，梯也尔的军队偷袭了蒙马特尔高地，并企图抢走国民自卫军的大炮，解除对自己颇有威胁的工人武装。警觉的妇女首先发现了梯也尔部队的阴谋，她们迅速敲响了钟鼓。还在睡梦中的巴黎人民爬起床来，国民自卫军带着枪炮迅速赶来。积蓄已久的工人阶级武装起义终于爆发了！3 月 18 日上午，在国民自卫军中央委员会的命令下，瓦尔兰率领工人武装开进了蒙马特尔，击溃了反动的政府军。国民自卫军迅速控制了巴黎市区。晚上 10 点左右，工人营占领了市政厅。

当时人们的心境，可能后人用语言无法描述。没有经历过多次战斗后的胜利，就无法体验来之不易的胜利所带来的欣喜。尽管如此，我们也能从战争亲历者鲍狄埃《纪念 1871 年 3 月 18 日》一诗中看到巴黎人民的狂欢：

隆隆礼炮为人民觉醒欢呼，

庆祝推翻资产阶级的胜利。
阳光四射，群情振奋，
到处充满了欢乐的诗意。

鲍狄埃是3月18日起义中的重要的一员。他一只手已经不太能活动，于是用另一只手握着枪，和广大巴黎人民一起冲锋陷阵。他用诗歌表达了自己誓死战争的决心：

我是工人、艺术家和诗人，
我投身于革命的烈焰，
坚信只有这创造新纪元的转折，
才能使人类永远摆脱贫贱。

战争中的鲍狄埃，忘了自己的病痛，全心投入与忘我战斗。鲍狄埃的一个朋友说到3月18日起义中的鲍狄埃："我最后一次看到他时，巴黎已变得疯狂，由于被围而变得狂热；而他比别人更兴奋、更狂热。"为了正义的事业，鲍狄埃愿意付出自己的一切！

资产阶级并不想将政权拱手相让给巴黎人民。他们一次又一次挑衅，希望挽狂澜于将垂之时。但邪恶终究难敌正义，巴黎人民击退了资产阶级。3月26日，巴黎人民进行了公社选举。尽管公社里面也混入了一些资产阶级投机分子，比如鲍狄埃所在的第二区，但是从总体上说，"其中大多数自然都是工人，或者是公认的工人阶级的代表"。值得一提的是，鲍狄埃所在的第二区资产阶级比较猖獗，所以在资产阶级的捣乱下，鲍狄埃等革命家反倒落选了。

战斗中的鲍狄埃

3月28日，巴黎公社成立大会在市政厅广场隆重举行。当天的巴黎，天气格外晴朗，就如当时巴黎人民的心情。巴黎人

1871 年 3 月 28 日巴黎公社宣告成立

民怀着对新政权的甜蜜期待从睡梦中醒来。清晨，当第一缕朝霞升起的时候，成千上万的群众就已经穿着节日的盛装，从各自家门口出来，走向市政厅的主会场。巴黎人民太激动，太兴奋了，他们的步子虽然欢快，但因为互相之间交流着高兴的情绪而变得缓慢起来，以至于大街小巷拥满了人。国民自卫军的队伍从人群中穿梭而过，走向当天巴黎人民共同的目的地——市政厅主会场。自卫军战士们荷枪实弹，穿戴整齐，脸上写满了荣耀与自豪。市政厅广场上的红旗迎风飘展，仿佛向巴黎人民招手，欢迎他们的到来。下午四点，礼炮声和演奏声相继响起，如美妙的交响乐，荡漾在广场上空。自卫军用刺枪顶着军帽，高呼“公社万岁！”人们积攒已久的情绪释放出来，响起了雷鸣般的掌声和欢呼声。大家噙着泪，甚至嘶哑了声音，但都无法表达此刻激动与愉悦的心情。当时鲍狄埃也在庆典中，他甚至觉得这样激动人心的场面历史上都不曾有过。就在他去世的前半年，他还对这幅画面记忆犹新：

欢腾的人群黑压压一片，

挤满了高奏凯歌的市政厅，
来到这里宣告公社成立，
巴黎像孩子一样高兴。

当人们在欢呼庆祝自己的胜利之时，偏安一隅的资产阶级并不愿就此妥协，他们准备向世界第一个无产阶级政权反攻。4 月 2 日，凡尔赛梯也尔的逃匪们向巴黎进攻。第二天，匪军甚至打到了巴黎近郊讷伊。但好在公社战士英勇地击退了匪军。心有不甘的匪军于是朝巴黎城区开炮。眼见着自己同阶级的反攻，在巴黎的资产阶级也蠢蠢欲动起来。那些被选举为公社委员会委员的资产阶级趁机退出了公社，鲍狄埃所在的第二区的四名资产阶级公社委员也以此要挟，不愿意接受委任。

巴黎公社社员修筑的防御工事

当然，公社离了这些资产阶级并非不能运转，甚至可以运转得更好。4 月 16 日，公社宣布进行补选。鲍狄埃在第一次选举中因为第二区资产阶级的阴谋落选，像这样的情况并不少见。补选倒是给了这些真正革命分子机会。

选举前，鲍狄埃的好友劝鲍狄埃不要出面为公社工作，因为现在公社已经遭到了资产阶级的反攻，将来可能会发生血雨腥风的残酷战争，前途未卜。但鲍狄埃坚定地表达了自己愿为人民服务的决心：

这是义务。……我并不毛遂自荐；但如果人们任命我，我就接受。

群众的眼睛是雪亮的。补选前，很多报纸就大力推荐鲍狄埃。在敌人隆隆的炮声中，补选也有条不紊地进行着。群众在选举中给了鲍狄埃这些人真正的公正。鲍狄埃、塞拉叶、若昂纳尔、杜朗当选为公社委员。其中鲍狄埃的票数最多，3601 张选票中，鲍狄埃获得了 3352 张。当时与鲍狄埃一起当选为二区委员的是塞拉叶。塞拉叶与马克思很熟，鲍狄埃与塞拉叶后来结下了深刻的革命友谊。鲍狄埃也从塞拉叶那儿，获取了更多马克思主义的熏陶。

当选之后，有人问鲍狄埃：

在你接受公社委员的职务时，你相信它会成功吗？

鲍狄埃回答：

立即成功吗？不。但这事业是正义的，我没有权利犹疑。

鲍狄埃就是带着这样的一种信念和热忱，投入了公社的事务中。

人民勤务员

巴黎公社"彻底清除了国家等级制，以随时可以罢免的勤务员来代替骑在人民头上作威作福的老爷们，以真正的负责制来代替虚伪的负责制，因为这些勤务员经常是在公众监督之下进行工作的"。鲍狄埃就是这样的一个勤务员。有一位公社委员曾这样赞扬鲍狄埃："鲍狄埃是最得人心的那种公社委员。"鲍狄埃虽然有着生花的妙笔，但却没有生花的巧嘴，他属于那种话不多，但认认真真、踏踏实实做事的人。当时鲍狄埃年岁已大，并且右手残废了，于是他把自己军事方面的工作交给别的同事，自己专心致志地行使第二区区政府代表、区长的职权。

鲍狄埃是一个原则性很强的人，在工作中始终坚持原则，坚决把贯彻公社的纲领、政策和决议放在首位。在他的一份自传中，他也回忆自己说：

> 我执行（第二区）区长的职务直到5月28日……我毫无保留地同意3月18日革命的纲领：……为工人的解放而奋斗。我相信在这整个阶段中我履行了我的职责。

鲍狄埃出身于穷苦家庭，所以对底层人民生活的艰辛感同身受。他出任公社委员后，也在很多方面切切实实地改善底层老百姓的生活与待遇，减轻他们的负担，维护他们的权益。当时鲍狄埃针对人民不同的收入水平，签署了一个命令，要求铁路当局对贫穷的乘客减免路费，实行半价政策。

纪念巴黎公社的宣传画

1871年4月20日，鲍狄埃在自己作为会议副主席主持的一次会议上，应全体面包工人的要求，通过了废除面包工人夜班制的决议。马克思、恩格斯对这个决议赞誉很高，称这个决议鲜明地表现了巴黎运动的无产阶级性质。列宁也把这项决定视为公社经济改革措施的第一条。这个决议真正地维护了面包工人的权益，改善了工人的劳动条件，所以出台后受到广大工人的欢迎。4月21日，在巴黎公社召开的一次会议上，鲍狄埃被选为公社社会服务委员会委员，主要负责邮政、电报、交通等方面的事务。面包工人取消加班制的决议就由社会服务委员会来辅助实行。在鲍狄埃的领导下，这个决议得到真正的贯彻落实。列宁对公社的这一决议非常重视，他在关于公社的报告提要和演讲提纲中，都把这项决定列为公社经济改革措施的第一条。

鲍狄埃希望通过公社来改变老百姓的悲惨遭遇和境地。在鲍狄埃的印象中，过去生活在资本主义社会中的老百姓，经常会为就业问题而发愁。今天可能还在工厂打工，明天也许就会面临失业这一问题。所以，鲍狄埃一直致力于解决就业问题。1871年5月4日，公社委员会召开会议，讨论如何征用逃亡凡尔赛资本家的工厂。鲍狄埃建议，一方面将这些工厂都交给工人协会管理，另一方面为了立即使穷苦的公民们能有工可做，除了开办缝制制服、工作服和长裤的工厂外，还应立即开办为国民自卫军缝制衬衣的工厂。国民自卫军的官兵缺少衬衣、汗衫和衬裤，而我们并不缺乏原材料。鲍狄埃的建议可谓一举两得，为国民自卫军做衣服的同时，还为贫苦民众提供了充分就业的机会。鲍狄埃在任期间，还专门开出了一份名单，希望公社为这些人分配工作。

当时在法国存在一个非常奇怪也非常令人心痛的现象。一般来说，典当铺里更多的是珍贵的古玩或者其他高级玩意儿，是一些大户人家将值钱东西典当出来以备急用，但巴黎街头的典当铺里，更多都是穷人的东西，被子、缝纫机，甚至还有铁锤等小工具。失业的穷人没有任何经济来源，饥寒交迫时，不得不典当自己最基本的生活资料。然而，这是一个恶性循环，当了生活资料，是为了解决吃住问题，结果没了生活资料，吃住就更成问题了。鲍狄埃用诗歌抒发了自己对典当的深恶痛绝：

母亲给孩子们床上盖几件破衣裳，
但这对御寒有什么用场？

巴黎公社在举行会议

小家伙昨夜冷得发抖，
可怜那破被早已送去典当。

巴黎公社从一成立就致力于解决旧社会的痼疾。在公社成立后的第二天——3 月 29 日，公社会议便通过了关于典当的法令，规定停售抵押在当铺里的物品。第二天，鲍狄埃便在二十区中央委员会拥护公社的这项法令和其他法令的声明上签了字。5 月 6 日，公社通过了“无偿发还典当物品的法令”。法令规定：

凡在 1871 年 4 月 25 日以前典当在当铺的衣服、家具、衬衣、书籍、被褥和劳动工具等物品，其典当金额不超过二十法郎者，一律根据当票从本年 5 月 12 日起无偿发还。

讨论这个法令的时候，鲍狄埃表现非常积极，表示支持这个法令。鲍狄埃在生活中还积极推行这项法令。当时凡尔赛军队严重威胁着国民自卫军。

这种情况下，第 181 营的国民自卫军提出要求，主张反对公社的人就没有权利享受 5 月 6 日的法令。鲍狄埃非常赞同这个主张，并且还在其他营区宣传这个主张。

公社的政策、决议是鲍狄埃遵循的基本准则。除此之外，他还具体情况具体分析，因地制宜，根据自己所管区域第二区的特殊情况，制定了一些符合第二区的政策和决议。前面已经提及第二区资产阶级势力比较雄厚，所以公社第一次选举中很多资产阶级当选，而像鲍狄埃这样真正为人民着想谋利的人落选了。这样的情况一时半会儿也难以改变。第二区龙蛇混杂，很多旧社会的陋习也遗留下来。比如，当时第二区有很多“红灯区”，许多资产阶级在此寻花问柳。鲍狄埃早就对这种现象看不顺眼了。以前鲍狄埃只是用诗句表达自己的厌恶之情，自己当了区长后，他就开始对这些丑陋现象开刀了。在鲍狄埃担任第二区区长后不久，他便签署了一项政府公告，宣布取缔全区的妓院，解放被凌辱的女性。当时巴黎公社很多区都进行了此项措施，由此，“第二帝国的那个荒淫无度的巴黎已经消失得无影无踪了。”

鲍狄埃就如马克思所说的那样，是当时巴黎公社中千百勤务员中的一员。他拿着和一般熟练工相当的工资，干着管理全区的活儿。他身为一区之长，却始终与群众打成一片，没有一点儿架子。他经常深入群众，去了解百姓的疾苦。他对公社的事儿事必躬亲，甚至亲自为公社购置物品。即便身手已经不够矫健，甚至很迟钝了，他还能亲自扛枪上阵，亲临战斗的第一线视察。鲍狄埃不仅是一个诗人，更是一个实干家，是一个勤劳踏实的勤务员。

把旧世界打个落花流水

马克思曾对巴黎公社的除旧布新给予了很高评价：

工人阶级反对资本家阶级及其国家的斗争，由于巴黎人的斗争而进入了一个新阶段。不管这件事情的直接结果怎样，具有世界历史意义的新起点毕竟是已经取得了。

列宁的话也表达了相同的一个意思：

马克思和恩格斯十分详尽地分析了巴黎公社，指出它的功绩在于作了打碎和摧毁“现成的国家机器”的尝试。

在1871年3月18日起义前后，国民自卫军就赶跑了巴黎市内的警察，占领了警察局，解散了法庭，捣毁了监狱。公社成立后的第二天，公社委员会会议就通过了三项重要法令，第一条就是要撤销资产阶级旧军队，取而代之的是国民自卫军，工人阶级把武装掌握在自己手里。可以说，公社刚刚成立，就已经用摧枯拉朽之势打破了资产阶级旧的国家机器。鲍狄埃等二十区中央委员会的委员，也立刻签订了公社委员会会议通过的法令，以表支持。

破与立应该是相辅相成的。打破了旧的国家机器，必须建立新的国家机器。公社成立后，用公社委员会领导下的十个委员会来行使立法、行政和司法三方面的权力。鲍狄埃所领导的社会服务委员会就是其中之一。

鲍狄埃领导第二区期间，主要从教育、文艺两个方面去突破旧社会的禁锢。教育方面，首先忠实执行公社关于政教分离的法令。从某种程度上说，鲍狄埃自己就是旧的教育制度的受害者。他上学时间不多，但其中两年就是在教会学校里度过的。在教会学校里，他体会到了传教士只会用虚伪的教义去填充学生的头脑，学生如囚徒般，任传教士在自己白纸一样纯洁的思想上乱涂乱画。最让鲍狄埃感受深刻的是，自己虽然爱学习，爱读书，但却由于家境贫寒无力支付学费而早早辍学。在旧社会中，教育是精英阶层的专享，穷人们无法获得起码的教育权利。

带着对旧教育制度的痛恨，鲍狄埃在自己所辖的区域对教育制度进行了大刀阔斧的改革。1871年4月2日，公社颁布了教会与国家分离的法令，宣布没收教会财产。鲍狄埃所在的第二区坚决地执行了这一法令，没收了第二区教堂和教会的财产。5月17日下午，鲍狄埃和战友们来到维克多亚尔圣母院。这里的一些圣职人员还在支持凡尔赛。在这里的地下室，鲍狄埃等人发现了一些被害穷人的尸骨，非常震惊。他们立刻把这些圣职人员抓了起来，就在教堂的圣器储藏室对这些人进行了审判。在当时的临时审讯室门上，鲍狄埃写下了“为人民伸张正义，处死强盗”的标语。但是鲍狄埃并非良莠不分，对正常的宗教活动并不打压，相反还提供便利。鲍狄埃将第二区的一些教堂租给一般的教士，将收得的租金用作公社政府的开支，以弥补工人政府经费的不足。马克思对这些革命行为给予了高度评价，他认为，公社成立后“立刻着手摧毁精神压迫的工具，即‘僧侣势力’，方法是宣布教会与国家分离，并剥夺一切教会所占有的财产”。“一切学校对人民免费开放，不受教会……的干涉”，以至于“学校教育人人都能享受”。

摧毁教会学校的同时，改革旧的教育制度也在有条不紊地进行。当时鲍狄埃等人积极参与到改革教育制度的文告制订和发布中，并采取了一些实际的措施。1871 年 3 月 23 日，鲍狄埃参加签名了《告工人书》。3 月 27 日，鲍狄埃又参加签名了《二十区中央委员会宣言》。这两个通告都主张实行“免费的世俗的全面教育”，提出了“推广世俗的全面的职业教育”任务。4 月 23 日，鲍狄埃和塞拉叶、若昂纳尔等人一道，签署了一份题为《世俗学校》的公告。这份公告谴责教会学校只是为君主专制服务，而不求任何社会进步，指出要用“世俗的、免费的义务教育”来代替过去的宗教教育，以培养“健康刚毅的后代”。教育不仅是义务的、免费的，还要和生产劳动联系起来，“我们的目的，是要让每个男女儿童在学完初级课程之后，再在授予一两种手艺的学校兼车间里毕业”。总之，教育要达到“人人劳动，劳动为人人”的目的，要实现一个“古老的法则”——“不劳动者不得食”。

在文艺领域进行改革，是鲍狄埃另一个很重要的建树。鲍狄埃在诗歌、绘画等方面都很有造诣，且很有影响。借助自己的影响力，鲍狄埃积极推动了巴黎艺术家联合会成立工作的开展。1871 年 4 月 13 日，联合会成立大会正式举行。四百多名艺术家参加了此次大会。鲍狄埃也作为筹委会成员参加了这次大会。大会上，鲍狄埃被选为主席团成员和联合会副主席，并在会议上宣读了自己定稿的报告。鲍狄埃的报告开篇就明确指出，联合会是由支持巴黎公社的艺术人组成，并规定了联合会革命的性质。两天后《公报》对大会盛况进行了报道，并对鲍狄埃的大会报告给予了很高的赞誉，认为鲍狄埃的报告“对当代艺术的命运和需要”作了“十分精到的论述”。4 月 17 日，联合会进行选举，鲍狄埃被选为由四十七名艺术家组成的艺术联合会委员会的委员。联合会通过的纲领宣称：联合会由“同意公社共和国原则的巴黎艺术家”组成，要“为我们的复兴，为开拓公社富裕的道路，为未来的辉煌前景和世界共和国作出贡献”。纲领还具体规定今后所要努力的具体方向，提出了保护艺术遗产、举办艺术展览、出版艺术刊物、开办艺术学校等。在此纲领的指导下，艺术家联合会团结

法国巴黎的卢浮宫

了大批知识分子和文艺人士，在漫天硝烟的革命中，创作了大批的歌曲、诗歌、宣传画、戏剧等，成为鼓舞人们战斗的有力武器。

艺术家联合会成立后，所做的最值得称道的一件事是对卢浮宫博物馆的改造。在改造之前，卢浮宫博物馆是为皇宫贵族、资产阶级享受的，老百姓与之绝缘。在公社成立后，卢浮宫博物馆的官员坚持其一贯的反动态度，不承认公社，不服从艺术家联合会的命令。鉴于此，艺术家联合会决定派鲍狄埃去向公社请示。公社立即采取措施，解除了卢浮宫旧博物馆及土伊勒里宫旧行政官员的职务，并任命了艺术家联合会成员为临时负责人。新官上任三把火，新任临时负责人决定将博物馆向民众开放。一直与艺术绝缘的百姓也终于有了享受艺术的机会。在博物馆进行改造的同时，公社对其他被资产阶级占据的剧院也进行了相似的改造，将这些被资产阶级垄断的剧院夺了过来，改造成普通老百姓也可以享受艺术的地方。

公社给博物馆、剧院等地定了性——无产阶级宣传和为人民服务的艺术殿堂。自此以后，艺术家联合会经常在博物馆举行艺术展览，展出过去没法在博物馆展出的作品。阳春白雪显然不适合于下里巴人的艺术诉求。剧院也告别只为上层阶级服务的年代，演出了很多与群众生活相联的剧目，有群众能听得懂的音乐会，也有群众能理解的诗歌朗诵会。鲍狄埃过去只能在诗社宣传演出，现在有了更宽阔的舞台。他们用豪情满怀的朗诵声，为老百姓送去力量与关怀。每次演出的时候，群众总是把剧院挤得水泄不通，每到精彩之处，掌声雷鸣，欢呼声高涨。群众第一次成了剧院的主人。鲍狄埃等艺术家坚持以前街头吟诵、诗歌传单等形式，抓住一切机会宣传群众，组织群众。在硝烟弥漫的战场，鲍狄埃等艺术家也经常出现，去宣传和动员战士们，坚定他们战争的决心。

鲍狄埃和他的战友们，就是以这样一种大无畏的勇气和决心，向旧的陈腐的意识形态挑战，砸碎了旧的国家机器，为一个崭新政权的建立和巩固奠定了基础。

第四章

战歌诞生

巩固无产阶级专政

公社诞生后，所处的环境并不乐观，可谓被内外敌对势力夹攻。城外，十几万普鲁士军队虎视眈眈，凡尔赛的反动军队也时刻待命打算反攻；城内，革命队伍中也混进了反动的资产阶级，这些人总是伺机破坏革命，一些资产阶级与凡尔赛军队勾结，暗地里进行反动宣传，许多商人也囤积居奇，给人民生活造成了极大的不便。如何巩固无产阶级专政，这是摆在公社面前的第一大课题。

枪杆子里面出政权，鲍狄埃也深知这个道理。在昔日的革命中，鲍狄埃已经深刻体会到武装力量的重要性。公社建立后，鲍狄埃便十分重视国民自卫军的扩充和加强。1871 年 3 月 21 日，鲍狄埃在二十区中央委员会上发言，同意将二十区中央委员会完全并入国民自卫军中央委员会。这样就能加强对国民自卫军的领导。

鲍狄埃对军队的建设十分关心。尽管鲍狄埃没有具体负责第二区的军事领导工作，但他经常上前线去视察，去犒劳士兵们。当时有一些传言说公社的部队很弱，鲍狄埃自觉去澄清这些谣言。4 月 28 日，公社召开会议，鲍狄埃便用自己的亲眼所见回答这些人的质疑：

我曾对最受威胁的据点——安尼尔和列瓦鲁阿作过详细调查，所以我说那里的情况并不是不可救药的，情况甚至不坏。我们在那里的部队几乎都很强，他们的情况良好，军容整齐，服装好，武器好，不错，他们没有得到所希望的那么多大炮，但是总的来说，各营营长都是使人满意的。

鲍狄埃在当时公社中是比较有威望的人，他的此番话很有说服力，增强了人们的革命信心。

革命队伍必须纯洁，容不下任何反动势力混在其中。鲍狄埃还亲自参加到纯洁国民自卫军的行动中。5 月 20 日，鲍狄埃着手解除了第 8 营和第 11 营的反动武装。鲍狄埃还为国民自卫军的发展颇费苦心。他经常走入青年中，劝他们加入国民自卫军，为公社革命贡献力量。

统一战线对于一个初生的政权是十分重要的。鲍狄埃对于发展统一战线、巩固无产阶级政权也作了很多工作。当时巴黎有个“共济会”，是一个由中、小资产阶级组成的组织。“共济会”当时在巴黎群众中有很大的影响。由于其阶级属性的局限，“共济会”摇摆在梯也尔和公社力量之中。有可能向右走，支持梯也尔；也有可能向左转，拥护巴黎公社。

对于这些摇摆不定的中坚力量，当时的公社委员会是尽力去争取。公社委员会决定下大力气去团结和争取“共济会”，派人多次去会见“共济会”的成员。鲍狄埃就曾作为公社代表，在 1871 年 4 月 29 日接见过共济会会员。当天早上，共济会一万多名会员在卢浮宫附近的广场上集合。鲍狄埃和其他四位公社委员一起去迎接他们。鲍狄埃和他们一起走向市政厅广场，参加公社委员会接见共济会的仪式。当共济会大军浩浩荡荡到达市政厅广场时，全体公社委员已经站在台上欢迎他们了。公社代表梅叶把公社的红旗送给了共济会，并且发表了热情洋溢的讲话：

这是巴黎公社的旗帜，公社把它赠给共济会会员……公社的旗帜一定在炮火之下跟共济会的旗帜在一起，这就是它们的不可摧毁的牢固同盟的证明。

法国孟吉诺城堡共济会博物馆

讲话刚毕，广场上就响起了“公社万岁”的欢呼声。欢迎仪式后，鲍狄埃还带着共济会的大部队游行示威，并把他们的旗帜插在了最危险地区的城防工事上。

其实，这时候的共济会并没有完全放弃对梯也尔政权的幻想，他们这时甚至还向梯也尔发出了和谈的要求。但是，让共济会失望的是，梯也尔并没有对共济会的和谈主张作出友好的表示，反而在共济会游行示威的时候开了枪。子弹打在共济会的旗帜上。这一枪，打穿了共济会的旗帜，更打破了共济会对梯也尔政权的幻想。清醒之后的共济会，完全站在了公社这一边。5月5日，共济会向法国和全世界的共济会发出呼吁，号召共济会一起为公社事业而奋斗。

共济会的加入是对公社的一个极大的支持。鲍狄埃用《巴黎公社》来表达共济会对公社的贡献：

啊，壮丽的公社！敌人咒骂你，

而在你的防线上，
共济会却插下一面面大旗——
它光辉的标记。

除了团结游移不定的资产阶级外，争取农民也是当时公社的重要任务之一。当时巴黎争取同外省的联系就是争取和农民的联系。马克思就曾预言：

如果公社的巴黎同外省自由交往起来，那么不出三个月就会爆发普遍的农民起义。

当时是否要与外省农民联合，公社中存在不同的意见。鲍狄埃是真心实意支持巴黎工人和农民联合的。1870 年 11 月 26 日，第一国际巴黎支部联合会和巴黎工人协会总会联名发表了名为《告城乡劳动者》宣言，提出要建立“工农共和国”的主张，号召工人和农民联合起来奋斗。鲍狄埃也在这个宣言上签了名。鲍狄埃虽然生于城市，是工人阶级出身，但他对农民的疾苦也有所关注。1848 年六月起义失败后，鲍狄埃去往外地。在逃亡的路途中，鲍狄埃眼见了很多农民食不果腹、衣不蔽体的悲惨遭遇，深刻觉得工人农民应该联合起来。鲍狄埃也用诗歌去鼓励农民起来斗争：

起来，起来，流尽血泪的平民，
复仇的时刻已经来临。
……
把谬误一扫而净，
使教皇和帝王都惶恐震惊。

1871 年 5 月 7 日，鲍狄埃参加发起组织名为“外省协会联合会”的社会团体。联合会纲领提出：

协会的最近目的是：恢复巴黎和外省的团结，用一切方法和手段阐明在围城时期以前和巴黎投降以后所发生过的一切事件的真相和原因；宣扬并促进公社的独立原则的胜利。

联合会还发布了一个公告，呼吁外省人组织起来，迅速派遣代表来巴黎参加外省协会联合会。但由于当时梯也尔的封锁，这个联合会并没有发挥其应有的作用。

一边要充分发挥统一战线的作用，一边对反革命力量及分裂势力，则要进行坚决的抵制与镇压。当时，巴黎处于四面包围中，很多人面临一点儿困难，便军心动摇，叛变卖国。凡尔赛梯也尔的部队占领了通往巴黎要塞的炮台时，公社的军事代表罗谢尔见情况危急，很悲观，于是擅自发布了消息，称要塞失守，于是引发了军内恐慌。罗谢尔甚至在报刊上发表文章，讨好凡尔赛分子。这种情况下，公社委员要求严惩罗谢尔。5月10日，公社开会讨论对罗谢尔的处理事宜时，鲍狄埃坚决主张逮捕罗谢尔，交由军事法庭审判。具体到鲍狄埃自己所辖的区域，也在鲍狄埃的指令下，枪毙过几个对抗公社的资本家。鲍狄埃的诗歌常常表达对反动资本家的憎恶，坚决主张枪毙这些与人民对立的“盗贼”，这是革命人民的“最高道德标准”。

蒲鲁东

当时公社委员之间意见并不完全统一，尤其在关于如何加强权力集中以对付日益危急的形势这一问题上，公社就分裂为两派。当时，只要是凡尔赛梯也尔的势力加紧对巴黎城进攻，城内的反动势力就趁机嚣张，抓紧破坏。于是，公社决定成立公安委员会，以便集中权力，统一领导，对付反革命分子的破坏行为。但是，成立公安委员会却遭到了蒲鲁东派的反对。蒲鲁东派奉行的是无政府主义，反对权力集中，所以尤其反对公安委员会，认为公安委员会是“独裁”。当然，蒲鲁东派只是少数，5月1日的表决中，公安委员会获得了通过。鲍狄埃在表决中，还专门写了一个书面材料，表达了自己支持公安委员会的理由：“形势要求我们行动果断和一致，不管名称如何，我投票赞成。”当时鲍狄埃坚决的态度给公社委员留下了深刻印象，所以大家都称他为“革命的专政派”。

除了加强对敌人进攻的防范，防止公社成员自身的变色，也是公社当时巩固自身组织所做工作之一。5月6日，鲍狄埃和若昂纳尔联名向公社提议：

一切文武公职人员，凡贪污受贿者，立即送交军事法庭，并立即按人民法令论处。

5月19日，公社通过的法令，就主要采纳了鲍狄埃等人的建议。就在19日当天的会上，鲍狄埃还和其他两位公社委员提议成立最高审查委员会，审查公社所属机关的账目，以防止贪污腐化。这一提议最后得以表决通过。

《国际歌》诞生

3月18日起义胜利后，国民自卫军没有乘胜追击凡尔赛梯也尔部队的老巢，而是匆忙进行选举，建立了公社。此番心情的急切是可想而知的。饱受了资本家压迫的人们，一旦获得了机会，必然想立刻建立一个翻天覆地的新政权。但是这样不彻底的革命却给反动力量以喘息的机会，犯了马克思所说的一个“致命性的错误”。公社抓紧工事建筑，巩固新生政权，凡尔赛的梯也尔政权也在紧锣密鼓地拼凑反革命武装。正义的力量和反正义的力量将来一场大决战，也就是历史上著名的公社保卫战。鲍狄埃参加到这次保卫战中，一直决战到最后时刻。也正是经历了这场保卫战的洗礼，体会了之前革命与建设的种种艰辛，鲍狄埃才写出了自己此生最伟大的诗篇——《国际歌》。

正如列宁描述的那样，在公社致力于建设新社会的时候，反动的凡尔赛力量正“以十倍的努力、疯狂的热情、百倍增长的仇恨”，准备着反攻。

梯也尔逃出巴黎后，经过一段时间的休整，反革命武装也得以从一万多名的残兵败将扩展到十三万人。梯也尔深知自己已经离心离德，公社已经得到了巴黎人民的支持，单凭自己苟延残喘的一己之力，是无力与公社抗衡的。于是，梯也尔竭尽所能地讨好欧洲各国政府，以求外援增大自己的力量。俾斯麦虽与梯也尔有过战争打擂，但两者并没有实质区别，都是资产阶级的力量，与公社人民力量相对立。虽然俾斯麦表面上称自己在巴黎和凡尔赛之间是中立的，可一旦有机会，他便会联手自己曾经的敌人——梯也尔，去对付他们共同的敌人——公社。1871年5月10日，俾斯麦和梯也尔在法兰克福

梯也尔

签订了正式的合约。合约中，德国允许凡尔赛扩军，同时释放被俘的十万法军。合约还允诺梯也尔政府在平定巴黎后再支付对德赔款。

一边是联系外援，一边是加紧对巴黎的进攻。5月初，凡尔赛的部队开始攻击巴黎，双方战争愈演愈烈。梯也尔军队经过自己的修复和国际的援助，力量比较强大，刚刚成立的公社军力与之战斗，显得比较弱势。公社战士纷纷要求加入前线，保卫公社。鲍狄埃和他的战友们，充分发挥笔杆子的作用，于5月14日发表了《第二区公社委员告全区国民自卫军官兵书》，支持战士们上前线的要求，并表态：

第二区各营队都将应召参加实际的（作战）行动。他们将不必再去羡慕其他区的英勇兄弟了。

第二区战士开始全部投入保卫巴黎的战役中。

5月21日，在巴黎城内奸细的接应下，梯也尔部队从巴黎东南的圣克鲁门一带进入了巴黎。不久，巴黎城北部的德国军队也按捺不住，给凡尔赛部队让出通道，让他们向巴黎市区推进。公社在凡尔赛的两面夹攻下，陷入了困境，“五月流血周”由此开始了。

在“五月流血周”中，英雄的巴黎人民是齐动员，全参与。男女老少，视死如归，挺身而出。敌人的尖刀利炮凶残杀戮抵挡不了巴黎人民英勇奋战的脚步。巴黎的街头巷尾，是巴黎人民和反动军队激烈交战的场景。曾经为创立公社流血流泪的巴黎人民，又一次用自己的鲜血和眼泪为保卫巴黎而战。马克思对巴黎人民不畏牺牲、保家卫国的精神，给予了很高评价：

巴黎全体人民——男人、妇女和儿童——在凡尔赛人攻进城内以后还战

震惊世界的“五月流血周”

斗了一个星期的那种自我牺牲的英雄气概，反映出他们事业的伟大。

在最艰难的一周里，在血流成河的巴黎，在每次激烈交锋的战场，都有鲍狄埃的身影。敌人进攻巴黎后不久，鲍狄埃和塞拉叶等代表在第二区发布了一份紧急公告：

妄图消灭巴黎的保皇党们自以为胜利在握，其实只不过是自掘坟墓！

到街垒上去！弟兄们！到街垒上去！

让街道的每一个角落都变成一座要塞，让儿童们搬运路石，妇女们装填沙袋。

公社的营队，拿起武器！

明了真相的外省人，已经群情激昂，正在起来支援我们！今天是激烈的战斗，明天就是最后的胜利！

起来，革命的命运操在你们手中！

共和国万岁！公社万岁！

妇女和儿童帮助搬运两门国民自卫军的大炮

公告极富感召力。战士们读了公告，更加勇猛地冲锋陷阵；敌人看到了公告，心里难免紧张发怵，胆战心惊。在公告的鼓舞下，千万巴黎人民前赴后继，征战沙场，为捍卫人民的阵地、为坚持正义的事业与敌人展开殊死搏斗。当时公告一出，敌人立马恐慌了，想用白色恐怖来抵消公告的影响。敌人还使出很多招数，想找到这个公告的签署人，杀一儆百，但最终没有得逞，敌人只有枪杀了两个市民作替罪羊。

5 月 23 日，敌人拿下了蒙马特尔制高点，战火蔓延到鲍狄埃领导的第二区。鲍狄埃依然坚守在第二区，并签署了自己在公社期间的最后一个公告。公告号召所有的社员团结起来，继续战斗，保卫公社。

形势越来越紧迫。5 月 24 日，在敌人的强攻猛击下，公社委员会不得不从市政厅迁至第十一区区政府。鲍狄埃所在的第二区，已经沦陷了四分之三。此时的鲍狄埃已经将生死置之度外，与战士们一起，坚守在第二区前线。

5 月 25 日，敌人彻底攻占了第二区。根据上级的命令，鲍狄埃和其他战友从第二区退出，撤往第十一区。这时候，公社的处境已经非常危险了，许多公社的重要人士已经被杀害了，巴黎所剩的容身之地也已不多了。

5 月 27 日，是巴黎公社史上最黯淡的一天。这天，巴黎公社只剩最后二百多名公社战士了。当时敌人的力量相当于公社战士的二十五倍，公社战士向敌人发射了最后一颗子弹，然后被逼退到了拉雪兹神父墓地的一堵墙边。这些英勇的战斗英雄，在最后的关头，也誓死不屈，高呼“公社万岁!”最后壮烈牺牲在敌人的枪口下。今天，我们来到拉雪兹神父墓地，在东北角就可以看到这段记载了伟大与光荣的巴黎公社社员墙。墙身灰白，就如当时那

拉雪兹神父墓地的巴黎公社社员墙

段历史般凝重。墙体周围是郁郁葱葱生机勃勃的大树，前面摆放着后来人瞻仰时敬上的鲜花。虽然这些公社社员已经离开我们一个多世纪了，但如同墙体周边不屈的生命，他们的坚韧与执着，他们对崇高理想的追求，他们对正义公平的捍卫，仍然存活在我们心中，萌发着永世的光辉。很多公社诗人都用自己的诗作表达了对这些烈士的崇敬，鲍狄埃也在《公社战士纪念碑》中写道：

那些烈士的姓名和死难的日期，
人民啊，你用刀子把它刻在石头上！
这将成为历史上最庄严的一页，
谴责奴役的生活，号召从奴役中解放。
它将像警钟怒鸣，唤起饥寒交迫的人们，
团结成愤怒的队伍，使地动山摇。
愿这座公社战士纪念碑，
成为我们复仇的号召！

5月28日，巴黎公社最后一个街垒——拉姆庞诺街垒也被敌军层层围困，最后丧失了。

持续了八天的“五月流血周”终于结束了。但梯也尔部队对人民的屠杀却未告结束。在接下来的几天时间里，梯也尔部队实施了惨绝人寰的大屠杀。第一国际法国支部创始人瓦尔兰被抓获后，被迫游行示众一小时。一路上，反动武装对这位伟大的工人运动领袖进行了残酷的迫害，他们用刺刀不断地刺杀瓦尔兰的脑袋。不一会儿，瓦尔兰的脑袋已经伤痕累累，甚至眼珠子都从眼窝里掉了出来。尽管这样，瓦尔兰仍然不屈不挠，不断地喊着“公社万岁”，最后牺牲在敌人的枪口下。列宁对这次大屠杀有过一个统计，他说这是“一次巴黎空前未有的大屠杀。约3万巴黎人被野兽般的兵士杀死，约45000人被逮捕，其中许多人后来被处死，被流放去作苦工和移民的数以千计。巴黎总共损失了约10万子弟，包括所有各行业的优秀工人”。历史不会忘记这些先烈们，“工人的巴黎及其公社将永远作为新社会的光辉先驱受人敬仰。它的英烈们已永远铭记在工人阶级的伟大心坎里。那些杀害它的刽子手们已经被历史永远钉在耻辱柱上，不论他们的教士们怎样祷告也不能把他们解脱”。

梯也尔对鲍狄埃等少数幸存者毫不留情。5月30日，凡尔赛的报纸刊登鲍狄埃被捕和处决的谣言，以造谣惑众。所幸的是，鲍狄埃并没有被敌人逮捕，他仍然在工作。他将工作转到地下，在工人群众的掩护下，到了蒙马特尔区，隐藏在一个工人家的阁楼里。

鲍狄埃在熊熊的战火中，体验到了斗争的残酷，感受到了革命战友们的激情和勇气。在狭小的阁楼里，他看到了敌人砍杀战友大刀上所沾染的鲜血，看到了刽子手的冷漠。在血流成河的战后巴黎，他感受到了前路的艰辛，坚定了公社的道路。虽然公社失败了，但在鲍狄埃心中，这是诞生，而不是葬礼！失败并不代表没有前途。只要无产阶级能联合起来，只要有必胜的信心，只要有对共产主义的信念，就一定能迎来革命的美好明天。就如列宁所说，“在1871年6月，也可以说，是在5月的流血失败之后的第二天”，鲍狄埃怀着对过去失败教训的反思，对未来美好的希冀，奋笔疾书，写下了战斗的诗篇——“全世界无产阶级的歌”——《国际歌》。

《国际歌》初稿

经历了巴黎公社的风雨，体验了成功的荣耀与失败的苦闷，鲍狄埃开始了更深的思考。他寄居在狭小的阁楼里，坐立不安，昼夜难眠。展现在他眼前的是过去悲壮的一幕幕。在公社的七十几天中，他和他的战友们，精神抖擞，意气风发，从事着开天辟地的伟大事业。然而，美好是短暂的，就在公社战士们憧憬着美好未来的时候，梯也尔反动武装开始了轰轰烈烈的反攻。五月流血周中，妇女儿童们都被迫拿起了武器，与敌人奋战。公社战士们驰骋沙场，为维护公社果实不惜流血牺牲。但是，即便如此，人民的力量终究没有敌过反动的力量，反动的势力将人民的武装残酷地绞杀。昔日公社时期欣欣向荣的巴黎，现如今是血腥的镇压和残杀；昔日公社时期朝气蓬勃的人们，现如今是东躲西藏；昔日公社时期人群如织的街道，现如今涌满了运送尸体的推车。可恶的敌人们，将一具具无辜的尸体，运到蒙马特尔公墓，用一把火无情地焚烧掉。被抓获的无辜人群，总是在夜深人静之时，被敌人秘密执行枪杀。当远处的枪声响起时，鲍狄埃心里总是一紧。自己昔日的战友们，就这样失去了。鲍狄埃满腔怒火，他要控诉，控诉这些无情残酷的敌人；他要呼吁，呼吁即便是面临千万险阻，革命的步伐也不能停歇……

鲍狄埃拿着战斗的笔，回忆经历的血雨腥风，将自己对无产阶级战斗的理解，对美好革命愿景的向往，化作朗朗上口的文字。《国际歌》是一篇伟大的战斗檄文，是一篇融思想性、艺术性在一起的伟大诗作，是巴黎公社战士的鲜血和生命谱写而成的，是巴黎公社的经验与教训凝结而成的。《国际歌》是马克思主义革命真理的艺术体现，是鲍狄埃对科学社会主义理解的提炼，闪烁着马克思主义思想的光辉。

通观《国际歌》全篇，里面每一个词句，都是第一国际《成立宣言》和《共同章程》精髓的体现。

起来！无产者的灵魂！
工人们，我们要团结紧。
起来！饥寒交迫的奴隶！
起来！全世界受苦的人！
为了战胜那黑暗和贫困，
奴隶们，起来，起来斗争！
我们有正义，我们有群众！
我们一无所有，要做天下的主人。

巴黎公社之前，法国已经进行过几次革命。每次革命的结果都大同小异，旧的人吃人的制度被推翻了，新的人吃人的制度又建立起来，最后普通民众仍然在水深火热中苟延残喘。马克思在 1851 年总结法国 1848 年革命的经验教训时曾谈到：

我认为法国革命的下一次尝试再不应该像以前那样把官僚军事机器从一些人的手里转到另一些人的手里，而应该把它打碎。

巴黎公社实现了马克思的预言，打碎了旧的国家机器，建立了无产阶级自己当政的政权，建立了人类历史上第一个劳动人民当家作主的政权。劳动者一穷二白，一无所有，只有正义，只有群众，只有满腔的热血，要团结起来，“做天下的主人”。鲍狄埃的此番话，将马克思打碎国家机器、建立无产阶级专政的国家机器的原理，表达得淋漓尽致。“我们一无所有，要做天下的主人”，豪迈的语句，奔腾的激情，点燃了万千工人心中斗争的愿望，鼓舞着一代又一代劳动人民为一个充满正义和真理的社会奋斗。

从来就没有什么救世主，

也不靠神仙皇帝。
工人们，我们自己拯救自己；
为人类共同的解放斗争到底。
我们要夺回劳动果实，
让思想冲破牢笼。
点燃我们那巨大的熔炉！
趁热打铁才能成功！

在《国际工人协会共同章程》中，马克思提出了“工人阶级的解放应该由工人阶级自己去争取”这一伟大思想。这是对历史规律生动的展示。“人民，只有人民，才是创造世界历史的动力。”旧社会中，由于人民的弱势，从来都是英雄史观。尽管不乏揭竿起义的农民，不乏游行示威的工人，但毕竟是少数，而这少数甚至打着宗教的幌子。而大多数的穷苦人民，当他们为生活所苦时，当他们被当权者逼得走投无路时，他们更多地将未来寄托在少数英雄神话人物上，希望哪天出现一个救世主，或者是躲入宗教寺庙，从超自然力量中寻求寄托，超脱于尘世。当权者当然也乐于用种种宗教史观或者英雄史观来麻痹民众，巩固自己的统治。马克思一针见血地提出了唯物史观，提出人民是创造历史的动力。鲍狄埃对马克思的这番观点应该是感受最深的。在巴黎公社之前，每次工人阶级推翻了封建势力，都被资产阶级篡夺了革命果实。刚刚上任的资产阶级，往往很快就将枪口对准真正历史的创造者——人民。所以，将希望寄予救世主是幼稚的。虽然只有短短的几十天，鲍狄埃亲历了巴黎公社的兴衰成败，亲眼目睹了工人阶级和人民创造历史的伟大。那些底层的民众，那些工人阶级，拿着枪炮，视死如归，将敌人掩进了坟墓，建立了世界上第一个无产阶级政权，创造了伟大的历史。所以，“从来就没有什么救世主，也不靠神仙皇帝。工人们，我们自己拯救自己；为人类共同的解放斗争到底。”跟巴黎公社其他成员一样，让鲍狄埃感到后悔的是，推翻了资产阶级政权的他们，没有即刻完全追缴敌人，一网打尽，相反给了梯也尔等反动势力喘息休整的机会，结果东山再起的梯也尔反而推翻了公社。吃一堑长一智，“趁热打铁才能成功！”决不要给反动者以喘息的机会，否则贼心不死的他们必然会卷土重来。

王朝的混战已使我们厌烦，
我们之间要和平！向暴君们开战！
在反动军队里实行罢战，
枪刺向下！队伍解散！
强盗、君王、剥削者和教士
都是些吃人的罪犯。
老板是我们的仇敌，
这个口号要永远铭记在心坎。

鲍狄埃是善于总结经验教训之人。从自己亲身经历中，加上对马克思关于人类历史发展规律的洞悉，摸索出历史发展演变的规律，是鲍狄埃诗句中经常的表现。普法战争可谓巴黎公社革命的直接导火索。本是一场法国人民一致对外的民族战争，最后却因本国资产阶级的妥协与退让，激发了人民积怨已久的愤怒，演变为国内的阶级斗争。早已看透狗咬狗斗争的鲍狄埃发出了人民的新声，“王朝的混战已使我们厌烦，我们之间要和平！向暴君们开战！”法国人民已经厌倦了王朝之间的掠夺战争，他们要彻底改变现状。列宁曾说过：

变现代帝国主义战争为国内战争是唯一正确的无产阶级口号，这个口号由巴黎公社的经验所提供。

鲍狄埃的总结正是对这一真理最准确的表达：

旧的国家机器在绞杀我们：
资本家暂时获胜，洋洋得意；
机关枪维持着旧秩序，
血腥屠杀儿童和妇女。
残暴凶恶的高利贷者，
要烧焦我们的尸体，
将罢工的工人，
埋进死者的墓地。

这一段和前一段一起，都深刻揭示了资产阶级的反动面貌。高高在上的老板是劳动人民的敌人，不要幻想他们来解放咱们。事实也证明，一次又一次的革命，资产阶级一次又一次地执政，每次都是信誓旦旦，改善人民待遇，但不久就将枪口对准人民，露出了狰狞的真实面目。机关枪维系的是旧秩序，妇孺儿童皆为枪下鬼，高利贷盘剥着劳动者。

是谁创造了人类世界，
是我们劳动群众。
一切归劳动者所有，
哪能容得寄生虫！
最可恨那些毒蛇猛兽，
吃尽了我们的血肉。
一旦把它们消灭干净，
地球照样转动不停。

人民是历史的创造者，是实践的主体，这是马克思主义最基本的观点之一。鲍狄埃在深刻揭示了资产阶级的剥削和压迫后，接着指出了一个颠扑不破的真理——劳动者创造了世界。不劳动者不得食，劳动者才是这个世界的主人。然而，在过去的社会中，不劳而获，寄生虫贪食着劳动者的成果，榨干了劳动者的血汗，所以，不要惧怕任何统治阶级，劳动者要起来做自己的主人，不要将明天和未来寄托于社会的寄生虫上。全人类要获得解放，就必须推翻作威作福的统治者，这是共产主义胜利的灿烂前景。

把旧世界彻底埋葬！
让面目全新的人类，
沐浴着正义的灿烂阳光，
和金黄的麦穗一起成长！
还有损害果木的蛀虫，
也不用害怕和惊慌。
劳动将在人类的家园里，
使红色的硕果结满树上。

这里描述的是一副欣欣向荣的美好景象。埋葬旧世界，将一切剥削人的制度埋葬，是每一个劳动者心里最真切的呼唤。这代表了正义，代表了真理。“让统治阶级在共产主义革命面前发抖吧。无产者在这个革命中失去的只是锁链。他们获得的将是整个世界。”

这是最后的斗争，
团结起来，到明天，
英特纳雄耐尔，
就一定要实现。

《国际歌》每一段都以相同的词句结尾。“英特纳雄耐尔”是“国际”一词英语的直译。这里的国际，有两层意思，一是第一国际之意，“公社无疑是国际的精神产儿”；二是《国际歌》本身就包含了浓郁的国际主义精神。“全世界无产者，联合起来！”“英特纳雄耐尔就一定要实现！”《共产党宣言》曾发出振聋发聩的预见：“资产阶级的灭亡和无产阶级的胜利是同样不可避免的”，国际的原则一定会遍及全人类，共产主义一定能在全世界取得胜利。“这是最后的斗争”，以往的斗争都是以新的剥削制度代替旧的剥削制度，而无产阶级革命是要实现人类翻天覆地的大变化，建立无产阶级专政，以“使整个社会一劳永逸地摆脱任何剥削、压迫以及阶级划分和阶级斗争……”无产阶级要与昔日的剥削制度作一根本的彻底的决裂！豪迈的语句，给一直在苦难轮回中的劳动者以希望。新的曙光就在前面，只要我们团结起来！

紧随“五月流血周”而来的是白色恐怖。在敌人的威逼利诱面前，在敌人的追缴屠杀面前，很多公社战士动摇了、叛变了，但是鲍狄埃从未动摇过自己的信念和追求。对马克思主义真理的笃信，对人类最伟大的解放事业的追求，鲍狄埃作出了一首又一首振奋人心的诗篇。《国际歌》是鲍狄埃所有作品中的集大成者，是他这一时期甚至他一生中最不朽的代表作。可以说，《国际歌》真正达到了“革命的政治内容和尽可能完美的艺术形式的统一”。伟大的艺术作品，必然会浸入人心，流芳永世。

第五章

流亡国外

导师援助的手

巴黎劳动者的软弱为资本家的“复辟”留了余地，但凶狠的资本家并没有给劳动者以反击的可能。当塞纳河畔残余的枪声还未远去，当“五月流血周”中工人的尸骨尚未冰寒之时，梯也尔政府便开始了对劳动者的新一轮清洗。曾经表示拥护公社的无辜市民被逮捕，甚至被残忍地杀戮。尽管对这些爱好正义和真理的民众早已有了定论，但梯也尔政府还装出一副维护法律的面孔，将抓获的无辜老百姓押送至法庭，按照法律来制裁。梯也尔等人完全没想到的是，自己的举动扇了自己一记耳光。本想让这些人在法庭上的忏悔、害怕来给一般民众上一堂思想政治教育课，但这些人却“顽固不化”，反倒在法庭上数落起反动派的暴行。于是，慌了手脚的梯也尔等人赶紧撤下法庭，秘密对这些民众执行了极刑。据不完全统计，在“五月流血周”之后不久，约有十万公社成员被梯也尔政府秘密杀害。

梯也尔政府知道革命火种一旦点燃，就难以消灭殆尽。只有对革命者实行最残酷、最彻底的镇压和打击，才能真正将革命火种遏制。不能给革命者以任何存在的空间，是梯也尔政府的既定方针。1871 年 6 月 6 日，梯也尔照会欧洲各国政府，要求各国政府拒绝公社成员入境者。凡流亡入境者，都要作为政治犯引渡给法国政府。梯也尔还向欧洲各国政府开列了一个名单，列出了需要各国政府逮捕并引渡的名字，鲍狄埃的名字赫然在目。国外是寻求外援，国内是严加防范。当时法国通过一项议案，规定对参加国际工人协会或承认它的原则的人，都以罪犯处死。残忍程度不亚于诛九族。巴黎的大街小巷，处处有资产阶级的眼线，一旦抓获幸存的公社战士，就严加处罚。资产阶级的穷追猛逐，让白色恐怖从巴黎向欧洲范围内蔓延，公社成员举步维艰。

当鲍狄埃和自己的战友在为逃避反动的当权者追捕东奔西藏时，伟大的革命导师马克思和恩格斯向这些无产阶级战士伸出了援助之手。1871 年 5 月 30 日，公社刚刚失败的第三天，马克思在国际总委员会上宣读了著名的《法兰西内战》。《法兰西内战》揭露了梯也尔部队对公社的血腥镇压，也有力地驳斥了资产阶级对无产阶级的造谣中伤，高度评价了巴黎公社的意义，深刻总结了巴黎公社的经验和教训，为无产阶级在新形势下继续革命指明了方向。

刊登在当时报纸上的枪杀巴黎公社社员的照片

马克思、恩格斯不仅在精神上写出一篇又一篇文章声援无产阶级的战士们，在其他方面也尽可能地提供一切便利，为这些幸存的战士们寻求栖身之所。当时，第一国际总委员会设立了一个拯救流亡者委员会，营救处境困难的公社战士。马克思、恩格斯千方百计为这些战士弄到护照，给他们安排安全的接头地点和住所，给他们寄钱，并且号召其他国家的国际支部帮助这些战士们。

鲍狄埃是马克思、恩格斯重点关注的一位公社战士。6 月下旬，第一国际法国通讯社书记欧仁·杜邦给恩格斯写信介绍了鲍狄埃，委托国际帮助鲍狄埃。这时的鲍狄埃还在东躲西藏，为下一步生计发愁。没想到 6 月底，恩格斯就托人给鲍狄埃送来了护照。

7 月初，鲍狄埃和妻子及三个孩子出发了。这时候鲍狄埃的妻子卡洛琳娜还有孕在身，身子笨重得很。三个孩子都还不大，最大的十三岁，最小的才六岁。鲍狄埃自己身体也不是很好。此行可谓辎重难行。在自己战友的护送下，鲍狄埃和他的妻儿们穿过重重封锁，从巴黎转移出来。他们途经比利时，经过英伦海峡，最后来到了英国伦敦。当时，马克思、恩格斯也在伦敦工作。到了革命导师所在的城市，鲍狄埃心中的欣喜是可想而知的。让鲍狄埃更欣喜的是，自己昔日的战友塞拉叶、若昂纳尔、瓦扬等人，也先后来到了伦敦。

但敌人终究不会放过这些勇士们。这时候，梯也尔政府说服英国资产阶级反动政府，要求英国政府将公社社员引渡回法国，英国也答应了法国的要求。英国弥漫着歧视公社社员的气氛。所以，鲍狄埃和战友们一度在很长的一段时间内，都找不到工作，生活很艰苦。当时他们只有靠第一国际拯救流亡者委员会的资助维持生活。这时候马克思节衣缩食，自己生活很贫寒，也要资助这些公社战士们，因此负债累累。1871 年 8 月 25 日，马克思的一封信谈到了流亡英国公社社员的情况：

> 总委员会在此以前把他们从死亡线上救了出来，但是近两个星期来，我们的经费快用光了，……他们的处境极为悲惨。

据说，当时最困难的时候，鲍狄埃一家曾以野菜为生。

尽管如此，生活的艰辛并没有磨灭鲍狄埃的斗志。战友们的到来，让鲍狄埃仿佛找到了革命的大本营，这让他又有了创作和战斗的冲动。困难抵挡不了鲍狄埃战斗的步伐，困境束缚不了鲍狄埃创作的激情，他自己也曾在《1871 年的流亡者》中写道：

他冒着深谷里刺骨的寒雾，
为采摘鲜花从不停步。

鲍狄埃这时身体已经非常虚弱了，上肢瘫痪，重感冒还一直不见好转。身体虽然困倦，但心中却燃烧着烈烈火焰。鲍狄埃要倾诉、呐喊，要向全世界控诉资本主义的罪行，他写下了流亡中的一首诗——《难道你一点也不知道》。这首诗像一首宣战书，表示着困顿中的鲍狄埃又要向旧制度展开战斗了。

死神曾使我们两次流血，
一次是入侵，一次是内战，
忿怒的大自然，
理应气得发颤。
我渴望它迸发出猛烈的仇恨，
来一次地覆天翻的动乱。

诗人接着用连续质问的语气，向周遭大自然的一切事物发出质问，“难道你一点也不知道?”成千上万的战败者被囚船和铁栅关押，资产阶级接替了普鲁士强盗，机枪对着衣衫破烂的人群横扫，贫穷就是大逆不道……鲍狄埃控诉了资产阶级的罪恶，控诉了以枪口和刺刀对准普通民众的资产阶级，控诉了资本主义社会下人民衣不覆体、食不果腹的悲惨。他似乎向大自然发出了邀请，一起向资本主义复仇。这实际上是向自己的战友、向还在受苦受难的人们发出邀请！

其实，《难道你一点也不知道》是鲍狄埃回答当时法国著名作家雨果一些疑问所作的。当时，英国资产阶级政府对巴黎公社进行了污蔑，甚至英国的部分工人——工联主义者都和政府一起，污蔑巴黎公社。在这样的情况下，

雨果

一些不知情的人信以为真。雨果当时侨居在英国，本来是持人道主义观点的，对资产阶级血腥镇压巴黎公社的行为并不认可。但是，当他“道听途说”了这些不实之词后，也对公社行为产生了偏见，开始质疑公社行为。于是，鲍狄埃以一种商榷的口气，写下了这首《难道你一点也不知道》。通过这首诗，鲍狄埃展现了凡尔赛匪徒对公社成员所犯下的滔天罪行，希望能澄清社会上一些人对公社的偏见。鲍狄埃并非只为澄清而澄清，澄清的目的是要表态，表示自己会坚持斗争的勇气。公社虽然失败了，无产阶级正义的事业虽然临时受到了挫折，但这并不是终点，“这是诞生，而不是葬礼”！充满斗志的语言，鼓舞身处囹圄的战士们告别颓废，告别消极，继续一如既往地战斗。

当时的鲍狄埃等公社战士，虽然已经远离法国，但是白色恐怖无处不在。梯也尔勾结外国势力，对打压昔日公社战士极尽能事。在无产阶级面前，资本主义就是一条战线，沆瀣一气。大革命期间，俄国沙皇坚定地反对大革命思想在欧洲的传播，但利益面前没有永远的敌人，也没有永远的朋友。今日，沙皇转为支持法国梯也尔政府，充当急先锋，一起屠杀巴黎百姓。在洞悉一切反动势力的真实面目后，鲍狄埃愤怒地写下了《白色恐怖》一诗。诗歌历数了梯也尔政权的残忍、反动与虚伪，男女老少皆不放过，还口口声声称“秩序、文明和正义”。对内是血腥镇压，对外则是卖国求荣，勾结恶势力，反对正义力量的发展。鲍狄埃无情地鞭挞：

为了彻底铲除国际主义，
要用枪炮对付社会主义。
我们这些老板和食利者，
也能与俾斯麦一个鼻孔出气。
只有我们懂得什么是“爱国主义”。
沙皇给我们制定的方针是：
把人民通通枪毙！

……

鲍狄埃一边写诗，无情鞭笞资本主义制度，揭露反动政权的凶狠，一边也做些实际工作，维持自己的生计。在第一国际委员会的帮助下，鲍狄埃好不容易找到了一个绘制图案的工作。暂时的安定并没有持续太长，不久鲍狄埃又染上了重病。可鲍狄埃闲不住，病后刚刚康复，又立即投入工作。当时马克思和恩格斯在伦敦组织了一个支持公社战士的特别委员会，鲍狄埃担任委员会助理。鲍狄埃在自己的岗位上尽职尽责，为拯救战友劳苦奔波。同时，自己笔耕不辍，写下了很多诗篇，用自己的所见所闻、自己的亲身经历去揭露资本主义制度下无产阶级生活的艰辛。

可以说，鲍狄埃在自己的岗位上，始终是一心一意为公社、为人类共同的解放事业努力，没有私心，其工作是有目共睹的。但当时公社并非百分百团结，公社中还有蒲鲁东主义者和布朗基主义者，这些人企图分裂公社。逃亡中，这些人分裂公社的意图始终未变，有人甚至无中生有，污蔑鲍狄埃等人领导巴黎第二区的工作时，将教堂出租的钱中饱私囊，假公济私。其实，鲍狄埃等人当时是将租金全拿出来，用于公社其他事务的。恩格斯站出来，给鲍狄埃等人说了公道话。恩格斯给佐尔格写信的时候说："德雷尔说的话纯粹是一派胡言。教士事件的经过如下：第二区（塞拉叶曾被派往那里工作）的公社代表鲍狄埃把教堂租给了教士……。鲍狄埃得到了全部款项，把它用作公社获取的开支，然后把这些开支列入公社的账目。塞拉叶从来没有拿过这笔款项中的一文钱。一听'教士'一词就暴跳如雷的勒穆修，打算拘留鲍狄埃和塞拉叶，因为照他的说法，'这是一宗不道德的交易'。如果这里说的是平庸的俏皮话，那我不知道，他们之中谁说的俏皮话更拙劣，是勒穆修还是鲍狄埃和塞拉叶。"

鲍狄埃虽然身在伦敦，但心里仍然牵系着巴黎。只要有机会，他还是希望能回到自己的祖国。当梯也尔政权还在大肆搜捕革命战士的时候，鲍狄埃穿过重重障碍，回到了巴黎。特别有讽刺意味的是，1872 年 5 月 16 日，鲍狄埃在代表法国昔日权力的波旁宫附近写了一首《奴才先生》，谴责梯也尔的卖国行为，而就在鲍狄埃写诗讥讽梯也尔政权的第二天，梯也尔政权的第四军事法庭对鲍狄埃宣布缺席判处死刑。鲍狄埃的写作与梯也尔的宣判，形成的是鲜明的对比。缺席宣判表示的是梯也尔政权的无能，鲍狄埃的写作象征的是无产阶级战士不屈不挠的精神和顽强的战斗力。

当然，鲍狄埃不会因为国度而束缚自己的信仰，不会因为狭隘的乡愿而放弃到更广阔的空间去发挥自己的作用。共产主义的战士从来不会囿于国度，而是选择人类共同的解放事业。所以在第一国际有更紧要的事务召唤他时，鲍狄埃又毅然挺身而出，离开了自己的祖国，为更崇高的事业奉献自己的力量。

1872 年 9 月，第一国际在海牙召开代表大会。大会清算了无政府主义等机会主义倾向。但是，当时欧洲的工人运动中存在着严重的机会主义、无政府主义，这对第一国际的发展极为不利。于是，第一国际委员会决定前往美国。作为一个新兴的资本主义国家，美国无疑是第一国际委员会搬迁的好去处。马克思说过：

美国正在成为一个以工人为主的世界，每年有五十万工人迁移到这个第二大陆上来；国际必须在这块工人占优势的土地上深深地扎根。

19 世纪初的美国社会

鲍狄埃作为一个坚定的无产阶级战士，一个坚定的国际主义者，对于这一决议是坚决拥护，并于不久后，也决定跟随第一国际前往美国纽约。

为了解放的事业

1873 年，鲍狄埃带着自己的妻子儿女开始了又一次艰辛跋涉。一家人从英国出发，远涉重洋，最后到达了美国。鲍狄埃到了美国，开始住在美国东部的波士顿。两年后，迁往第一国际总委员会所在地纽约。鲍狄埃在美国重操旧业，以画画为生，有时候也教人法语。有时候因为生活艰难，甚至还拖着病体做苦力。这时候鲍狄埃的身体每况愈下，半身不遂的毛病越来越严重。虽然身患痼疾，但鲍狄埃仍然坚持战斗，从踏上美国土地的第一天，他就一直和第一国际保持联系，1875 年参加了由公社流亡者建立的“平等派”组织。1876 年，第一国际宣布解散，鲍狄埃就直接加入到北美的工人运动中，参加了北美社会主义工人党的筹建活动，经常出席工人的各种集会，发表演说，鼓励斗志。

从 1873 年到 1880 年，鲍狄埃在美国一共待了七年。这七年也是美国工人运动蓬勃发展的七年，这样的环境给鲍狄埃提供大展才华的时机。19 世纪 70 年代，美国工业迅速发展。资本主义大发展同时带来的是劳资冲突和矛盾的日益增多和尖锐化。经济发展了、繁荣了，但工人阶级的贫困也在加深，失业者的队伍越来越大。越来越多的美国工人开始走上街头，为争取自己的权益而斗争。可以说，这七年间，美国工人的觉悟日渐提高，工人运动也由自发的分散的状态走向全国性的有组织的斗争，工人阶级独立政党也在筹建之中。解放没有国界，共产主义事业要靠全人类的努力才能实现。鲍狄埃早就是一个国际主义者了，对于“全世界无产者，联合起来”的真理深谙已久。所以，当美国工人运动发展之时，鲍狄埃又以无比的热情投入到战斗中。鲍狄埃用自己的亲身经历，用巴黎公社的经验和教训，去宣传和鼓动美国工人，去点燃劳动者斗争的火焰。

第一国际总委员会迁到纽约后，对美国工人运动的发展起到了极大的推动作用。在第一国际的指导下，美国工人掀起了争取自己权益的罢工。这些罢工虽然在合法范围内，但总是会引起资产阶级的恐慌。1874 年 1 月 13 日，鲍狄埃到美国后不久，失业工人在纽约汤普金斯广场举行了一场大规模的反饥饿游行示威。由于斗争规模比较大，资产阶级变得十分恐慌，派来了大批军警，驱散当时的示威者，还造成了不少工人受伤。军警的行为激怒了工人，游行示威由纽约蔓延至芝加哥等其他大城市，变成一场全国意义上的游行示威。鲍狄埃也身在这场暴风雨中，见到资产阶级的残忍，愤怒地写下了《腹中空空》一诗，怒斥了统治者的虚伪和残酷，还揭露了牧师和教会麻痹人民的说教：

所有的资本家都是一样，
靠吃我们的血肉养得肥胖，
把劳动的成果掠夺精光，
将利润建筑在我们的饥饿之上！

在纽约劳动者的每场示威游行中，鲍狄埃总是挺身而出，参与其中，或发表斗志激昂的演说，或写下振奋人心的诗篇。鲍狄埃在美国写下的诗歌很多，但最值得一提的是《巴黎公社》。这首诗蕴含了鲍狄埃对巴黎公社的回顾与反思，也包含着他对美好未来的展望。

“无产阶级的节日将到处永远都是 3 月 18 日。”每年 3 月 18 日，各国的工人都要举行游行或集会，以纪念这一历史上伟大的时刻。每年的这一天，鲍狄埃都参加了美国工人举行的纪念活动，都写下了令人热血沸腾的纪念篇章。

1876 年 3 月 18 日，是巴黎公社革命五周年纪念日。回想起当年公社里的日子，回想起当年和战友枪林弹雨为保卫公社的奋战，回想起牺牲在前线的战友们，鲍狄埃的心情久久不能平静，他要用手中的笔记下自己记忆中的点点滴滴。于是，《巴黎公社》这一伟大的诗作诞生了。诗歌用一段雄壮磅礴的语言拉开了叙述。

从东方到西方，啊，大地！你在震颤！
又到了三月十八日，就是这一天。
为了惩治那素有英雄传统的人民，

过去的凡尔赛向未来的巴黎寻衅。

过去的凡尔赛是一番什么景象？巴黎公社发生的背景是什么？鲍狄埃用精炼的笔触叙述了巴黎公社发生的历史语境。巴黎的没落已经是历来已久的事了，“纸醉金迷”，“一蹶不振”，操纵选举和国家机器的资产阶级“恣意驱使人民，比对牛马还凶狠”。于是，巴黎人民一怒而起，废除了波拿巴政府，然而胜利的果实却被国防政府攫取了。国防政府的议会组建后不久，便以巨大的牺牲和普鲁士媾和。“这批太古时代残留下的低级生物”，如“一堆政治僵尸”，“比教长还虔诚，但比豺狼更残忍”，“交出四个阿尔萨斯、六个莱茵、三百亿赔款”，达到了自己卖国求荣的目的。梯也尔则“在策划一场新的特朗斯诺南街惨案”。于是，巴黎人民“面对这阴谋，千万颗心结成一体，伟大的城市巴黎，宣告公社成立”。

在资产阶级胡作非为的刺激下，巴黎公社革命终于爆发了。鲍狄埃接着用史诗般的华丽语言，展示了巴黎公社的进程。从举义的艰难，到建立公社的光荣，再到悲惨的“五月流血周”，昔日的一幕幕历历在目，鲍狄埃要向美国工人，向世界人民展现一幅真实的历史场景：

胜利了！人民大众欢声雷动，
地平线上重新焕发出光明。
拨开帝国的迷雾，耻辱的云翳，
人们终于见到天日，扬眉吐气。

大家都手握武器，心里怀揣着一个共同的理念——“大家为人人，人人为大家”，为公社建立而抛头颅洒热血。公社也做到了人类历史上前所未有的创造，也是未来社会前进的必然轨迹：

它作为未来社会秩序的榜样，
抹掉私有制，把劳动刻在门上。
……
即使不通晓社会学者的辞令，
人民也能领会精神，

当你说："一无所有者要做主人！"
劳动者理解得最深。

向不合理的分配制度开炮，是鲍狄埃诗歌中常有的主题。不劳动者不得食，是公社向旧的不公平社会制度的挑战。公社给生活在"劳者不获，获者不劳"的劳动者带来了希望与福音，给巴黎带来了公平和正义。鲍狄埃用激情的语调，描述了当时巴黎人民共同的感受：

啊，巴黎向你致敬！你驱散了
大地的混沌。
你变成无产者的头脑和灵魂，
同他们骨肉难分。

巴黎公社是巴黎人民的福音，也是巴黎人民众志成城的结果，是巴黎人民共同奋斗的结晶。

每个人都为共同的事业全力以赴，
组织起公社联队，
老郊区工人穿起水兵服拿起枪，
前进，视死如归！

这次战斗中，老人、妇女都投身其中，不同阶级的人也投身其中：

面容严峻的老人，
你们是公社战士的模范；
六月战败者，
你们三个月的贫困已延续了二十年。
……在这次分娩中，
妇女表现了母亲特有的勇气。
她们爱你，为你献身，
发挥出暴风雨里闪电的威力。

一味的怀古与伤感不能带来社会的进步，只有批判的反思才能为进一步的前进提供方向。鲍狄埃就冷静地反思了巴黎公社失败的原因，最后总结道：

你未夺取银行，这是极大的错误！
你本应把它改造。
难道不明白：
要让敌人投降，就得解除他的武装！

诗人又用简洁的语言概括出一个至真的道理——经济基础决定上层建筑。

我们是革命先辈培育的优秀子孙，
本应该高举红旗把敌巢彻底扫荡。
三月十八日夜晚我们却没这样做！
什么叫作报仇，我们还不大懂得！
轻饶了豺狼，这真是天大的过错！

在血与火的教训中，鲍狄埃又一次指出，必须乘胜追击，要一举剿灭敌人。"对敌人的仁慈"，就是对自己的残忍。因为革命的不彻底，在七十一天后，敌人卷土重来。在内外敌人勾结面前，公社终究难以击败敌人，接着便是悲惨的"五月流血周"。流血周的凄惨，至今让鲍狄埃记忆犹新。今日想起，甚至还让鲍狄埃激动得无法描述：

我该怎样描述你呢，流血的一周？
想起你，就看见一道红色的河流，
这红色的河流啊，依然热气腾腾，
是我们勇敢的人民的血把它汇成；
其中有被刽子手剖腹的妇女老汉，
还有被这些家伙践踏的死者伤员。
六月惨案相形之下只能算作儿戏，
因为不断进步的屠杀更换了工具；
抓到一个杀一个已经远不能尽兴，

使用机关枪大面积扫射方才过瘾。
公园当屠场，街心花园变成坟滩。

鲍狄埃回忆这件事，应该是一件非常痛苦的事。多少亲密的战友，就牺牲在这场残酷的屠杀中。多少无辜的妇女儿童，就倒在敌人的尖利刺刀之下。鲍狄埃眼见着自己的战友离去，眼见着无辜的生命离去，眼见着昔日公社的辉煌被手拿大刀的强盗破坏。公社事业是鲍狄埃毕生的追求，公社的失败，他心里的痛苦是如何深刻，可想而知。

被强盗洗劫过的巴黎，已经不再是昔日公社时期的巴黎。公社时期的平等，又一次被剥削和压迫代替，诗人用反讽的语句描述了反动派恢复旧制度的努力。“多亏上帝！”恢复了秩序，红灯区又一次点亮，青少年又一次沦为剥削的牺牲品，银行家们又一次压榨劳动者的血汗……

尽管旧秩序又一次恢复了，但诗人并没有悲观。正如马克思在巴黎公社失败后预言的那样：

即使公社被搞垮了，斗争也只是延期而已。公社的原则是永存的；是消灭不了的；在工人阶级得到解放以前，这些原则将一再表现出来。

鲍狄埃也认为公社的原则和精神保留了下来，劳动者被激发出来的斗志和勇气也保留了下来。鲍狄埃相信，公社的原则是永存的：

你来不及摧毁所有的巴士底，
但你留下了法令。
食不果腹、衣不蔽体的劳苦大众，
必将把它执行！

诗人用反问的语气，质疑这些一时当道的反动派们：

就算秩序恢复了吧！老财主！
你以为用屠杀就能修补好钱袋？
你以为公社当年打穿得墙壁，

用七年功夫就能把弹洞堵塞？
……
你们以为已把公社战士杀绝赶尽，
使我们落得阿尔比人同样的命运？
……
你以为杀戮流放了十万人，
就能高枕无忧、长治久安？

当然，梯也尔等反动派也没有因为公社的失败而高枕无忧，相反以更提防的姿态去对待公社和公社战士。他们“在恶毒的报纸上给死者抹黑”，他们把抓捕的公社战士流放险境，他们对公社战士进行缺席审判，逼得这些战士四处流亡，他们以为穷追猛打后，“万事大吉！可以安寝！”但诗人不认为如此。巴黎公社撼动的是整个腐朽旧社会的根基，点燃的是劳动者心中斗争的火焰：

你休想再安睡！我们绝不会推迟，
惩罚你的时刻！它正大步走来。
当你的住房起火，任凭你去呼救，
火是扑不灭的，哪怕你舀干大海！

因为这不是石油，而是人民的愤怒，
在燃烧！普天下人民都已怒火中烧。
让人们的怒火燃得更旺，直冲云霄！
这是伟大的火灾！全人类都起火了！

不悔罪就灭亡！抉择吧！火烧眉睫！
为了大众的幸福，我们和你斗争。
愿意吗？接受公社、红旗和平等；
只有这样，才能饶你的一条狗命！

当时的美国，每年的3月18日，都会产生很多纪念巴黎公社的诗篇，但其中最有震撼力、最深刻、最全面系统的，就是鲍狄埃的这首《巴黎公社》。诗人用历史的长镜头写实了巴黎公社从发生、失败到后续影响，同时也用敏感的笔触展现了每个细小的历史节点。整首诗似乎是在对历史过程进行描述，但却隐透出马克思主义关于无产阶级革命和无产阶级专政学说的基本原理：无产阶级必须联合起来，用革命的武装推翻反革命的武装，才能获得真正的解放。无产阶级必须从根子上剔除反对者的统治，尤其是要撼动统治者统治的经济基础。历史的进步并非一帆风顺，巴黎公社的曲折历程也是一种历史的必然，是无产阶级经验不足的体现。历史终究是向前发展的，不能因为一时的挫折就否认历史前进的轨迹，无产阶级要不断革命，要不放弃理想和斗争，终将迎来全人类的大解放。

《巴黎公社》一经发表，便产生了巨大的影响。美国工人非常重视和赞扬这首史诗，旧金山的一个社会主义小组很快就把这首诗印成小册子，广为散发。这也可证明，一个真正的无产阶级战士，他的思想可以穿越国界、影响至深。一个真正洞悉人类发展和前进的真理，可以弥合时空，掀起人类思想界的一波又一波风浪。

随着美国工人运动的发展，工人运动由自发阶段必然要向自觉阶段过渡，成立一个政党，是一种必然之势。“每一个新参加运动的国家所采取的第一个重大步骤，始终是把工人组织成独立的政党。”十九世纪七八十年代，欧洲各国纷纷组织成立工人政党。美国工人建立政党也在有条不紊地进行。1874 年 7 月 4 日，第一国际美国支部和纽约、费城等美国当地的一些劳工组织代表在纽约聚会，组成了“北美社会民主主义工人党”。1876 年 7 月 19 日，在费城举行的代表大会上，“北美社会民主主义工人党”和马克思的战友佐尔格领导的国际公认协会北美联合会等组织合并，组成了“美国工人党”。

美国工人党的成立有力地推动了美国工人运动的发展。在工人党成立后的第二年 7 月，美国匹兹堡的铁路工人就发起了声势浩大的罢工斗争。当时匹兹堡的铁路工人罢工引起了政府的恐慌，大批武装警察进行镇压，工人被迫拿起武器和军警展开激烈的斗争。罢工斗争从匹兹堡扩散到纽约，到加利福尼亚，甚至还突破国界，加拿大、墨西哥湾等地的铁路都陷入了瘫痪状态。罢工甚至还演进为内战，当时工人一度占领了几个城市。工人党是这次罢工的领导核心，对罢工的推进起了非常重要的作用。

早就身经百战的鲍狄埃对匹兹堡工人大罢工十分关注，对工人党在其中的革命行动赞誉颇高。他奋笔写下了一首长诗——《工人党》，献给在罢工中英勇战斗的工人党。长诗开篇就为工人党的成立欢呼：“工人党迎着朝阳诞生！”接着也如《巴黎公社》一样，用史诗般的笔触，从一个宏观历史的角度，再现了工人党成立的背景，工人党成立后的所作所为。更重要的是，向全社会表达了工人党战斗的勇气和决心：

战壕已经挖开，我要战斗到底！
劳动者一无所有，现在应该当家作主人！
……
我们组织起来，自己救自己，
我是斗士，不会清谈，
我的纲领一目了然：
“工具属于工人，产品归生产者所有。”

一言以概之，即是消灭私有制。鲍狄埃又一次一针见血地指出了无产阶级革命最根本的精髓。诗人向广大工人强调，所有的一切，都是你们创作的，都是属于你们的。铁路、轮船、电报、电缆、工厂等，这些都是工人的，都是用来造福于人，而如今，却被这些资本家据为己有，甚至用以进行“高利盘剥”。

不管掠夺者制订了什么章程、法律和条款，
大地应由一切劳动者掌管！
是的，你们那些互相厮杀的战场；
里里外外，不论土地或矿山，
采石场、菜井、道路与河川，
这都是全人类的公有财产。
和生产工具一样，人类要求索还。

在诗人眼中，“真正的上帝”是“劳动阶级”，“操劳的人群”，因为他们“创造了无穷的财富”；而“阴谋家、高利贷者、蝗虫和地蚕”却侵吞了最好的劳动果实，生产者反倒因此饥饿潦倒。所以，诗人呼唤，从今天开始，“人人劳动，个个有饭吃”，“我们发展工业，创造艺术，不是为寄生虫铺设金元的地毯”。

但是，要变革这种劳而不获、获而不劳的生产关系并非一件易事。它不是一场小打小闹的尝试，而是一场规模巨大的伤筋动骨的革命。它不是通过议会选举便能达成，而是要通过彻底的革命才能达到。所以，鲍狄埃提醒美国工人，必须准备自己的武装，巴黎公社就是资产阶级的武装对准了工人，才最终失败，美国工人更要吸收巴黎公社的教训——要用武装斗争的方式去铲除旧社会：

我们的血管里，沸腾着争取权利的热血，
比霹雳灼热，比闪电猛烈；沉着坚定、紧密团结！
不要无济于事的恼怒，
但满怀夺取胜利的信念。

鲍狄埃相信，已经有了巴黎公社的宝贵经验，有了马克思主义指导的美国工人党，前途一片光明。全世界的无产阶级，也一定有着美好的明天：

听着！面对流逝的岁月，
面对延续了多少世纪的丑恶的奴隶制，
面对同君主们一道吮吸我们精髓的
凶残暴虐的当今世道；
面对当权的骗子们，面对圣经；
面对深山的豺狼虎豹，还有永无错误的主教；
面对军事法庭和那些刽子手；
面对色当的好汉和愚蠢的小丑，
面对受剥削的群众的苦难，
面对着未来的希望，
我宣布：如果要求公民互相尊重正义，
如果想用选举和一切手段，
迫使某些人不再能光消费不生产，

如果要把资本转为公有，
如果向一切吃人的家伙公开宣战，
就得做一个共产党人，
那么好吧，我们全都是共产党！

多么慷慨的陈词，多么坚定的信念。这不仅是鲍狄埃的一种自白，更像是一种号召和激励。鲍狄埃代表着全体工人阶级，表明了斗争到底的决心和气魄——全世界的共产党人团结起来，向一切不平等的制度开炮！

1877 年 12 月 26 日，工人党在纽瓦克召开了代表大会，大会决定将党的名称改为北美社会主义工人党，以社会主义社会为自己的奋斗目标。鲍狄埃也出席了这次会议，还专门为大会写了题为《工人代表大会》的诗歌，不仅歌颂了社会主义工人党的成立，而且也给出了一些具体的工作建议。鲍狄埃参加过多次工人运动，自然积累了不少经验。于是，他提议美国的社会主义工党，要"列举事实，列举数字，打倒高利贷"，"广泛调查，弄清事实"，"揭露吞噬生命的毒菌"。鲍狄埃毫不犹豫地加入了社会主义工党，参加了当时一些支部的创建工作，经常奔波于纽约、波士顿等地，通过发表演说、写作诗歌等方式，宣传马克思主义。

鲍狄埃是一个伟大的国际主义者，在他眼中，无产阶级的事业是没有国界的，无产阶级所要推翻的"决不仅仅是某些人，而是社会的整个机构，是一个世纪以来造成的劳资关系的根本性错误"。诗人之所以要参加社会主义工人党，是因为和工人党有着共同的奋斗目标——

我为之吹响号角的战斗，就是社会主义工人党的战斗。

……

她的纲领不无缺陷，在我看来还不十分完美，但我接受它，因为这毕竟前进了一步。总的来说，它是建立在真正的原则上的……

诗人甚至还呼吁自己的法国同胞，也应该以政党组织起来：

在帕特森的法国人，我的同胞们，当法国、俄国和挪威正在组织起来，当火药的引线已经准备好在全世界点燃起社会革命的时候，让我们加入党的行列吧……

在鲍狄埃的眼中，公社的精神和原则并没有因为公社失败而泯灭，而是以另一种方式存活下来。1878 年，在纪念巴黎公社七周年的集会上，鲍狄埃发表演说称，自己把北美社会主义工人党的事业视作公社事业的继续：

我受双重委托对你们讲话：死者——巴黎公社；生者——社会主义工人党。

……公社七周年了，但这位死者并没有死，她的鲜红的血液在我们的胸中翻腾。历史在伸张正义，复仇者站起来了！至于未来，担惊受怕的将不是我们！

巴黎公社虽然失败了，但是国际的事业后继有人。鲍狄埃指出，巴黎公社的革命就是国际原则的实践，“而社会主义工人党则是这一原则的新芽……”

就如鲍狄埃所说，尽管巴黎公社和美国工人党产生在不同的年代，不同的国度，但是它们都是对国际精神的实践，他们是紧密相连的。一方有难，八方支援。在马克思、恩格斯的领导下，美国社会主义工人党英勇地举起了巴黎公社的旗帜，并积极支援受迫害的公社战士。1878 年初，流亡在英国伦敦的公社战士为流放到新卡列多尼岛的公社社员发起了一次抽采义卖活动。北美社会主义工人党对这次活动非常支持，在全国各地设立了许多委员会。鲍狄埃也在其中担任了全美总财务书记的重要职务。当时，美国的工人，生活并不太好，因为他们自己也面临着失业的危机，工资也被资本家大幅度降低了。但是，这些生活困苦的美国工人们，仍然以极大的热情参加了此次抽采义卖活动。作为法国人的鲍狄埃，深深地感受到了来自美国工人们的友善与慷慨，于是他代表自己的同胞们，以纽约和旧金山委员会的名义写信，向这些伟大的国际主义战友们，向全美全体劳动者表示最真诚的感谢。

绝不动摇

列宁曾经指出：

革命者不是那种在革命到来的时候才变得革命的人，而是那种在反动势力最猖獗、自由派和民主派最动摇的时候捍卫革命的原则和口号的人。

鲍狄埃就是这样一个坚定的革命者。当他流亡海外，“在反动势力最猖獗、自由派和民主派最动摇的时候”，在资本主义迅速发展的时候，在敌人凶狠肆掠的时候，他没有丝毫动摇，而是坚信资本主义必将灭亡，共产主义必将到来。他一直笔耕不辍，写下了自己对资本主义制度的反思与批判，对巴黎公社原则和精神的坚持与缅怀，对美好未来景象的憧憬与向往。

鲍狄埃当时生活的美国，资本主义高速发展，劳资矛盾日渐突出和激烈。鲍狄埃生活其中，对资本主义深恶痛绝，写作了大量的诗歌去批判资本主义制度。

资本主义制度是建立在雇佣劳动之上的。如果要推翻资本主义制度，就必须彻底废除雇佣劳动制度。而当时在美国工人领袖当中，有些人却不能认识到这一点，妄图以谈“劳动”或者“公平分配”来达到反对资本主义的目的。鲍狄埃则深刻体会到雇佣制所包含的不平等。因此，他在 1876 年写了《匹克尼克老爹》、1878 年写了《平等的阶级》等诗，对雇佣劳动进行了深刻的批判。

宗教也是支撑资本主义制度的一个重要因素。以宗教来麻痹老百姓，转移他们对现实的批判，减少他们对既存不平等制度的憎恨。早在巴黎公社时期，鲍狄埃就对宗教制度的伪善进行了深刻的批判。在美国，鲍狄埃也亲眼目睹了宗教的反作用，也相继写作了一些诗歌，批判宗教。1875 年，鲍狄埃写了《蜘蛛网》，将宗教比喻为扼杀人类理性的蜘蛛网。同年还创作了《牧师》，辛辣地揭露了牧师说教的欺骗性。后来又写作了《夏娃》《物质与圣经》等诗，用自己所掌握的唯物史观对资产阶级的唯心史观进行了针锋相对的批评。

这一时期，在鲍狄埃写的批判资本主义制度的诗歌中，最彻底、最全面的是《美国工人致法国工人》。1876年是美利坚合众国独立一百周年。这一年美国掀起了很多纪念活动。是年5月10日，四十来个国家在美国费城联合举办了第六届世界工业博览会。这次工业博览会，其实掩盖着资产阶级宣传资本主义文明和自己统治业绩的目的。工业博览会展出了琳琅满目的产品，象征着资本主义的“繁荣”和“进步”。资产阶级想利用这些表象，去掩盖阶级矛盾，让劳动人民在看花了眼的产品中忘却自己所受的剥削和压榨，以达到瓦解革命、巩固其反动统治的目的。

群众的眼睛是雪亮的。任何掩饰都不能使饱受生活之苦的工人们忘记自己的痛苦。就在资产阶级庆祝建国一百周年的当日，大批失业工人白天召开群众大会，晚上举行火炬游行，要求统治者恢复工作。鲍狄埃因为在美国参加第一国际召开的代表大会，也有幸目睹了博览会的“繁荣”。当时他还会见了前来参加代表大会的法国工人朋友，于是有感而发，发表了题为《美国

1776年7月4日，美利坚合众国宣布建立。

工人致法国工人》的著名长诗。

鲍狄埃写长诗的当天，美国的工人在纽瓦克举行酒会，欢迎各国前来费城的代表团。鲍狄埃写完诗就赶赴酒会现场，向与会人员朗诵了新鲜出炉的《美国工人致法国工人》。列宁高度评价这首诗：

在这首长诗中，他描绘了在资本主义压迫下的工人生活，描绘了他们的贫困，他们的苦役劳动，他们遭受的剥削，以及他们对于自己的事业的未来的胜利所抱的坚强信念。

长诗的引言以一段充满斗志和激情的言辞提出了诗歌的主题：

行动起来，团结一致，
要将剥夺资本的法案
大规模地加以实施。

而这个时候，团结起来斗争尤为必要，因为资本主义社会已经矛盾重重了，必须团结起来彻底摧毁这个旧政府、旧制度，重新安排“生产和果实的分配”。而一旦劳动者觉悟，一旦劳动者团结起来，力量将会非常巨大：

贫苦的人们一旦觉醒，
洪亮的声音将响彻大会。
许多问题就会剔除，
好像一声声惊雷，天空阴沉，暴风雨即将来临……

诗歌开篇部分，鲍狄埃采用自己一贯应用的写实手法，描述了博览会的豪华场面：

好大的气派，不可一世的威风，
这个博览会像魔术一样迷人，
豪华的大厅，仙宫般的花园，
陈列着工业界的多少战利品。

这里展出的是坚船利炮，是精细工艺，到处都是豪华的东西，使人头晕目眩。然而，繁华背后，却隐含着吃人社会对劳动人民的残酷迫害，宛如血淋淋的人间地狱：起义者被血腥屠杀；各条生产线上的劳动者被剥削殆尽，忍饥挨饿；巴士底狱里的悲惨苦工常年"看不见阳光，呼吸不到新鲜空气"；儿童们也被各种疾病困扰甚至失去生命；工人被机器压死，矿工被深井吞没……可是，这些资本家们，在如此多问题面前，没有想着去解决问题，反倒展出繁荣的假象，他们甚至以压低工人工资的方式，来为展览会提供资金。资本家展出的是虚假繁荣，却不敢直视工人的悲惨，诗人愤怒地质问道：

我们的血已经抽出，老板，喝吧！
这决不是夸张，这是现实，是历史，
你不把它拿出来展？

是的，资产阶级只会展出对自己有利的产品，只会展出能体现资本主义"进步""繁荣"的展品。没有人会傻得将自己的缺陷暴露出来。资本的繁荣和进步是建立在对劳动者赤裸裸的剥削和压榨基础上的。"在不列颠帝国的首都，饿死几乎已经成为一种常规。"社会财富急剧增长的同时，却是老百姓日益贫困化的加重。资本进步了，但这种进步确是一种"血腥的进步"：

如果我们掉进深渊，进步又有什么用？
如果生产者受苦，生产又有什么必要？

鲍狄埃用对比的手法，鲜明地揭露了劳资的对立和冲突。如此嗜血成性的资产阶级，如此不公平的资本主义社会，其存在还有意义吗？广大的劳动者们，你们还甘于做资本主义社会进步的陀螺，你们还愿意忍受如此不公正的待遇吗？于是诗人笔锋一转，要求工人们必须起来反对这人吃人的社会制度：

我们要消灭和铲除不平等的阶级，
资本家和雇佣奴隶。

这万恶的世纪既然对穷人凶狠，
对一小撮剥削者充满了同情，
就该一脚把它踢进垃圾！

鲍狄埃的诗歌总是充满斗志，这是他对过去战斗经验的总结，是不平等制度点燃他心中熊熊火焰的结果。鲍狄埃深知，无产阶级要取得真正的胜利，必须从根子上撼动资产阶级统治的基础，必须用武装的力量砸碎整个资产阶级统治的国家机器。

资本主义，你的生产
需要多少齿轮！
全靠绞刑架支撑，
你的社会制度才能生存！

就如鲍狄埃所说，资本主义的国家机器由一个个齿轮构成，经过若干年的发展，已经非常庞大、完备了：“飞扬跋扈、昏庸顽固的政府官僚机构”；“带着金色肩章的野兽”“手持军刀的走狗”，资本主义社会中的军队张牙舞爪，杀害了公社战士；用宗教信仰迷惑民众，要劳动者“安分守己”的教会；帮助资本家“制造谣言”“捞取财富”的舆论工具；“将穷人当作坏蛋判刑，却赦免有钱有势的强盗”的法官和法典；“手段毒辣”“花样翻新”的警察等。就如“全套马利机的活塞和轴承”：

你们看吧，工具完备！应有尽有：
报纸、法院、兵营、银行、
教皇、密探，这一切工具
都在支配人类的金融巨人手上。

其实这些“金融巨人”旗下的成就，统统皆是劳动者创作所得，然而他们却翻手为云覆手为雨，将劳动者创造的所有成就都归结于自己旗下，将这一些都归功于这“伟大”的资本主义社会制度：

他，挖开地岬，打通阿尔卑斯山，
还打算修一条隧道通往海底，
你在他手下当牛做马，
这就是资本完成的伟大业绩。

“资本完成的伟大业绩”被资本家所占有和享受，资本家掌握了地球上所有优秀的资源，“他掌握生活源泉，能叫它枯干”。而创造社会财富的人们，却被这些资本家压迫至深，得到的“只有贫困！逼死人的贫苦！”这样的情况下，诗人高呼劳动者，必须团结起来革命：

他要喝干你的血汗，
你的眼泪！
……
够了！别再多说，还是行动起来！
叫他垂头丧气，休想再敲骨吸髓。

任何正义的事业都是相通的。如法国工人一样，美国工人也是面临着同样的敌人——资本家；如法国工人一样，美国工人也要担当起同样的任务——建立无产阶级的政权。所以，巴黎公社的原理放诸四海而皆准，巴黎公社的精神也是今日美国工人反对不平等的国家机器所需要的。于是，诗人呼吁：

公社啊！你曾站起来打倒这个妖怪，
你在哪里，还有那些保卫你的人们？
在哪里啊，你的红旗和那些火热的心？
快来担负起你尚未完成的重任！

在这个时期，鲍狄埃的诗歌有一个最大特色，就是带上了浓厚的国际主义色彩。诗人认为，无产阶级事业是共同的，任何国度、任何民族的人们都必须起来反对不平等的制度和社会。巴黎公社就如一盏明灯，对任何国家的无产阶级解放事业都有很重要的借鉴意义，巴黎公社未竟的事业也必须依赖全世界无产阶级团结斗争而完成：

工人们，公社的纲领就是我们的纲领！
要把全世界交还到劳动者手里，
使它成为实现光荣任务的工场，
让不劳而食的阶级全都滚出去！

鲍狄埃的诗歌总是充满了正能量。一般来说，在其诗歌的结尾处，都会有充满激情的语言去描述和憧憬一个美好的世界，让每一个读者都信心满怀地去战斗。这首诗的结尾处理也是如此。诗人信心满满地展望道：

在多少悲惨世纪过去之后，
各国人民的团结一定会实现，
自由的人类按照他们的伟大理想，
一百年后要将广大公社在全球展览！

《美国工人致法国工人》一诗，系统全面地对资本主义社会进行了剖析，从经济基础再到上层建筑，每一点分析都深刻精辟，并由此结合美国工人奋斗的历程，张扬巴黎公社的精神，号召全体工人起来革命，将巴黎公社的精神与原则发扬光大，建立无产阶级专政。

批判资本主义社会，是为了建立一个更公平、更正义的社会，是为了建立一个无产阶级专政。鲍狄埃深知这个道理，也四处宣传马克思主义关于科学社会主义的主张和理念。在当时美国某地一个支部的成立大会上，鲍狄埃发表演说，天下无产阶级都是一家，无产阶级都是为了同一个目标而奋斗：

永远是同一个事业：劳动的事业！除此以外，我不知道别的事业。解放劳动，摧毁奴隶制度的最后一种形式——雇佣劳动，这就是创造一种新人，创造一个新世界。

鲍狄埃虽然身在美国，但时刻关注法国国内工人运动的发展。他将自己对巴黎公社的感想、经验和教训的总结，化作一首首诗歌或者一篇篇激情洋溢的演讲，与美国工人一起分享。这时法国的工人运动也展开了几次大规模的斗争，法国工人群众要求法国政府对公社战士实行大赦，停止对公社战士的迫害。鲍狄埃听闻这个消息，非常激动，马上写了题为《不大赦就没有欢乐》的诗篇。当时工人作曲家给这首诗谱了曲，传到法国后，工人群众都竞相传唱，游行示威的队伍里经常响起这首歌。在嘹亮的歌声之下，工人群众举行了更大规模的争取大赦公社战士的斗争。

鲍狄埃甚至还想让自己的子女继承革命的传统，将公社的事业进行到底。他在给自己女儿玛格丽特写的诗中说：

公社啊，她热爱你的旗帜，你那鲜艳的红旗。

虽然鲍狄埃流亡他乡，虽然巴黎公社失败了，但鲍狄埃深信，正义的事业不会结束。让他欣喜的是，七十年代末，在欧洲的许多国家中，工人运动确实获得了较大的发展，工人阶级的政党也相继产生。鲍狄埃从中看到了公社精神的永世价值，看到了日益觉悟的工人阶级，看到了公社原则的传承和发扬。于是他又激动地写下了《公社走过的道路》一诗。诗歌热情讴歌了公社精神在欧洲和美国甚至世界范围内的延续和继承：

敌人进行了大屠杀，
但哪里鲜血染红了泥土，
哪里就有种子发芽……
……
未来在阳光照耀下成长，
没有国界能把他们挡住：
全世界人民只有一个纲领……
公社走过这条路！
……
“伟大的日子终于来到眼前！”
贫民窟里的人们齐声高呼。
这就是他们日夜盼望的红旗！

公社走过这条道路！

就是带着这样的一种信念，一种相信公社道路正确、公社精神永存的信念，一种相信无产阶级革命正义事业必将获胜的信念，鲍狄埃坚定地走了下去，尽管前途未卜，风雨兼程。

第六章 回到祖国

唤起革命的风暴

当鲍狄埃身处异乡之时，法国国内的工人运动也得到了较快的发展。1879 年是法国工人运动史上值得纪念的一年。这一年，法国社会主义者代表会议在法国马赛召开，宣告了法国工人党成立。这标志着法国工人运动由自发阶段走向了自觉阶段。1880 年 5 月，法国工人党的创始人盖德到了伦敦，与法拉格一起，拜见了马克思、恩格斯，并在两位伟大的革命导师指导下，制定了法国工人党的纲领。马克思亲自口授了纲领导言。导言指出，必须通过无产阶级革命夺取资产阶级的政权后，实行生产资料的集体所有制，才能实现真正的解放。

一边是工人运动如火如荼的发展，一边是资产阶级的恐慌。对于像鲍狄埃这样流亡在外的公社战士，资产阶级始终不愿意赦免，始终加以迫害。法国工人党成立后，紧锣密鼓地开始了拯救这些流亡战士的行动。工人党领导广大革命群众举行了大规模的游行示威。当时参加游行的群众高唱鲍狄埃写的《不大赦就没有欢乐》和其他公社战士写的歌曲。在工人的多次抗争下，资产阶级政权终于松口了。1880 年 7 月，资产阶级政权在群众的压力下，终于宣布大赦。鲍狄埃这些已经在外流离九年多的公社战士，终于可以回到自己日思夜想的祖国了。

鲍狄埃听到这个消息，难耐心中的激动。虽然身在国外的他，与千千万万的美国工人们始终在一起，战斗在工人运动的前线，身边还有亲人的陪伴，并不觉得孤寂。但如每一个漂泊已久的游子一样，鲍狄埃对祖国的思念是任何慰藉都难以代替的。终于到了自己可以回国的一天。1880 年 9 月，鲍狄埃登上了美国起航的亚美利加号游轮，开始了自己的归国旅程。

鲍狄埃站在甲板上，海风拂面，思绪万千。已经离开九年的祖国究竟是什么样？一贯都乐观的诗人相信，工人运动在欧洲已经发展起来了，自己此次回国也将迎来一个《黄金时代》：

啊，地球，这是黄金时代，
你的美丽的收获月，
正在鲜红的旗帜下到来！……

鲍狄埃对未来充满了自信。他深信，祖国经过这么多年的发展，肯定已经大有改观，有着更有利于工人运动的环境，自己回国后必然又要投入轰轰烈烈的革命战斗中。

然而，希望越大，失望越大。从鲍狄埃踏上国土的第一步，就发现自己的想法错了。自己日夜思念的祖国，这么多年了仍然如此！拿破仑三世的第二帝国虽已寿终正寝，那些曾经镇压公社的刽子手也被赶下了台，但资产阶级的第三共和国政权，除了开始假惺惺地允诺了许多改革措施外，并没有真正着手改善人民的生活，剥削压迫人民的资本主义本性仍然未变。甚至更糟的是，第三共和国甚至向国外大量投资，扩张殖民地，控制殖民地经济。

祖国并没有任何改变。资产阶级还是一如既往地油光满面，大腹便便。形成鲜明对比的是，码头上的搬运工人忙忙碌碌，神情茫然，面黄肌瘦。巴黎城里似乎也没有改观。依然是繁华街景，依然是穿梭如织的人流，然而工房也依然破旧、低矮和肮脏，工厂里的工人依然是一脸倦容。鲍狄埃明白了，在凡尔赛匪徒执政下，改变的是经济发展，但改变不了劳动人民受剥削受压迫的地位。他们依然挣扎于生存线上，没有尊严，没有权利，只有用毕生的劳力去换取最低的生活资料。

原来“一切还没有变”！回国后不久，鲍狄埃就将自己的所见所闻写成了一首诗，送给自己的战友。诗的题目就叫《一切还没有变》。“一切还没有变！”资本家仍然肆无忌惮一如既往地压榨着老百姓；教士们仍然继续着空洞、虚伪的说教，麻痹老百姓；凡尔赛的这帮家伙仍然高高在上，维持着残酷的统治；受苦受难的工人们仍然过着辛苦劳累暗无天日的生活。这一切的一切，让鲍狄埃心中热血沸腾，流亡回来的人们，从牢狱里破茧而出的战士们，团结起来吧，“英勇的起义者，我们有重任在肩！”“唯有你的强大的冲击，才能改天换地。”只有革命，才能使大地翻身。

于是诗人向自己的战友们发出号召：

回来吧！科学的太阳正在升起，
我们要用思想和武力给予敌人准确的打击。
……
战斗中你应该猛冲猛打，
别放过贪婪的老板和财阀。
社会革命的号角已经吹响，
无畏的流放者之歌，回来吧！

如果仅仅看诗歌，谁也不会想到这首慷慨激昂的诗歌出自一个两鬓白发、年老体弱的花甲老人之手。经历了战争，遭遇了流离异乡，深受病痛折磨的鲍狄埃，看上去就像一个穷困潦倒、老态龙钟的老人。回国后的他到处找工作，希望能重操旧业，继续为人绘图，但人家都以他年迈为由拒绝提供工作机会。

“太老了！”鲍狄埃感叹道。但是，太老了就真的没有价值了吗？鲍狄埃不服老。他立刻写了一首诗，叫《太老了》，发出自己内心深处战斗的欲望。“我还蕴蓄着青春的活力”，“诗神感到我还相当年轻”。其实正如鲍狄埃所说，创作与年岁无关，风烛残年的老人由于历经风雨，对生活、对世界的感悟会更加深刻；由于有了年轻时候的历练，笔触也会更加深刻、老辣，写诗技术也会更加炉火纯青。想来鲍狄埃这个时期也是如此。要不然，他的诗歌不会三分之一都是他流亡回国后到去世前七年创作的。

鲍狄埃是如此热爱自己的事业，尽管知道前路有风险，但是他仍然希望自己的子女继承自己的事业。而他们的子女确实也没有让鲍狄埃失望。在那个龙生龙、凤生凤的年代，鲍狄埃的子女仍然一无所有。大女儿为人洗衣，赚取很少的生活费。女婿继承了鲍狄埃的职业，是一名公社战士，也曾和鲍狄埃一样，被反动政府缺席审判为死刑。鲍狄埃还在感叹年老的人找不到工作，但更残酷的是，这些正值当年的青年人们，因为过去参加公社的经历，同样也找不到工作。于是女婿只能做点零散的体力活儿，以维持生计。鲍狄埃跟自己的大女儿一家住在一起，相依为命。但是生活对这个老人并不公平，到晚年都无法安顿下来。由于找不到固定的工作，为了一家人的生计，鲍狄埃不得不四处奔波。先是在巴黎，后来迁往勒瓦卢瓦－佩雷。1881 年，年迈的鲍狄埃竟然因为失业不得不又一次背井离乡去英国谋生。在曼彻斯特待了一段时间后，鲍狄埃和家人在 1882 年回到法国。回法国后，还是四处奔波，阿尔让唐、蒙特鲁日、鲁贝……都是鲍狄埃和家人曾经待过的地方。直到最后，才定居在自己出生的地方——巴黎。物质上的贫寒加上旅途的劳顿，给这个身体本来就不好的老人雪上加霜。鲍狄埃又生了一场大病，他在给拉法格的信中也说到了这次疾病：

我试图再当个绘图工，但我那个行业的条件已经完全改变了，到处都一样，必须有一笔资本。经过两年已非我的年龄所能支持的劳累和奋斗之后，我又受到一次半身不遂的打击，以致一蹶不振，迫使我放弃一切工作。

在其他人的印象中，这时候鲍狄埃的身体状况确实已经非常不好了。1848 年，鲍狄埃结识了一个民主派诗人居斯塔夫·纳斗，他对于 1883 年鲍狄埃的印象很深。他回忆说，当年 8 月，在一个三百来人的歌曲比赛会上，鲍狄埃获得了第一名。居斯塔夫听一个友人说到了这次比赛会。不久后，在另一次诗会组织的宴会上，纳斗终于见到了鲍狄埃。纳斗见了鲍狄埃后，发出这样的感叹：

他成了什么样子啊！老迈，苍白，半身瘫痪，而且穷困，穷困！我们要求他演唱三十五年前曾使我深受感动的那首诗歌。他以仅余的气力演唱了起来！除了唱歌时他已经不再有活力。

纳斗的回忆可以说明两点：一是鲍狄埃确实到了风烛残年，体力和精力都十分有限；二是虽已迟暮，但鲍狄埃仍然充满着斗志，用自己仅剩不多的余力继续革命。

尽管生活很清贫，尽管身体状况不好，但鲍狄埃仍然拄着拐杖，拖着半瘫痪的身体，东奔西跑，出席并主持工人集会，探访昔日的战友和失业工人。更重要的是，他用颤抖的手拿起战斗的笔，写下了一篇一篇伟大的战斗诗篇，揭露资本主义社会，号召工人起来斗争，唤起无产阶级斗争的风暴。

这个时期的鲍狄埃，对资本主义的认识更加深刻、具体，写出了大量优秀的诗歌去揭露和鞭笞资本主义。《失业》《大崩溃》《领导阶级》《钱包》《捕鼠》《政治经济学》等诗篇，都是出自于这一时期的鲍狄埃之手，都将矛头对准了资本主义社会的痼疾与不足。

鲍狄埃对塞纳河有着极深的感情，将之视为母亲河。《失业》这一诗歌是鲍狄埃回国后不久写的，鲍狄埃将所有的情绪寄予自己的母亲河塞纳河中。塞纳河从桥下呜咽流过，像寡妇在悲叹，也像孤儿在抽泣，“你可是在为人类叹息?”为自己千百万儿女饱受失业之痛叹息?

八十年代的法国，与其他资本主义国家一样，受到了经济危机的影响和冲击。企业倒闭，工人失业，是这个时候法国常见的景象。鲍狄埃毫不客气地将这称为《大崩溃》。在这《大崩溃》之下，为高速发展埋单的是人民群众：

劳苦大众
像件拧干的衬衣，
被无情榨取。
……
无偿的劳动
使资本很快地积累，
像高大的山峰。

《捕鼠》作于1880年。在这首诗中，作者极尽讽刺挖苦之能事，将资产阶级喻为比老鼠更可恶的害虫，十分贴切地表现了资产阶级丑恶的行径。诗歌以讲故事入手，说巴黎城下有一只老鼠在“称王称霸”，于是市政府悬赏捉拿。结果老鼠不愿意，说我们本和先生们是一家，怎么反倒来捕捉我们？老鼠甚至还抗议，你们这些资本家比老鼠更贪婪，你们瓜分着整个社会，觊觎着国库中的黄金，牟取暴利，搜刮民脂民膏，生活乌七八糟，十分糜烂，而我们这些老鼠，只不过是偷吃一点儿人类剩下的残羹冷炙，奈何要抓捕我们？最后老鼠甚至还提醒这些正在鱼肉百姓的资本家们，过去被屠杀的阶级，正把一次大围剿提上日程。

同年鲍狄埃写出的《钱包》对资本的罪恶本质，做了非常形象的剖析：

一个灰布的钱包，
装满一百个苏的硬币；
它统治着世人，
使人们神魂颠倒。

诗人将资本喻为钱包，指出所有的人都对这个钱包顶礼膜拜，而这个钱包把人分为主子和奴隶，使人们面黄肌瘦，沦为乞丐。所以，要实现人类的平等，必须铲除这个万能的钱包。诗人呼唤：

捅破这只钱包，
让它金属的肚肠流出来，
让它像灌溉大地的春水，
流进大众的动脉。

鲍狄埃还善于以小见大，用一个小人物的命运来反映时代的大变迁。比如，他写的《贫苦的让》。这里的“让”是法国人常用的一个名字的音译。让从小就在裁缝铺里当裁缝，晚年却衣食不饱，贫困交加。巴黎公社给让带来了希望：

记得那一天，天空晴朗，
我住的地窖也射进阳光；

我紧跟着红旗向前进，
手握着公社战士的钢枪。
……
我们成千被杀，尸骨成堆，
月儿也泻下阴森的青辉；
我被人从尸堆里拖了出来，
还连声高呼："公社万岁！"

1881年，鲍狄埃写了《政治经济学》，用以讽刺资产阶级的御用学者。诗中，一位资产阶级的御用学者自言自语：

在围城闹饥荒的关头，
我曾捍卫过"自由"，
我忠于自由的教义，
用高价限制销售。
不费一粒子弹，
我能把无益的人口，
每天削减两万。

什么是"自由"？自由都是相对的，这些学者所捍卫的自由，都是资产阶级的自由，是资产者剥削劳动者的自由，欺骗和掠夺的自由。鲍狄埃一针见血地指出了资产阶级自由的虚假。

同年写作的《一月二十一日》用更为直接的、赤裸裸的语言，揭露资本家对工人的残酷剥削：

什么是工厂？工厂也是君主专制，
一个奸猾的暴君在那儿统治。
老板，这发财阶级的子孙，
强制你们在饥饿的轭挽下劳苦终生；
他们的贪欲永无止境。
你们就像被他们捏在手中的柠檬，

生杀大权由夏高执掌，
你们并没有绞死所有的国王！

一道正义的法令干掉了路易十六，
这伙万恶的吸血鬼们的平庸后代，
人们一脚踩死了可鄙的臭虫，
可是这害人虫又产下几百、万个卵来。
从中孵化出一帮议员，走狗和歹徒，
他们吸血，传播瘟疫，制定法律。
被臭虫叮咬的人们，看这帮老爷多猖狂！
你们并没有绞死所有的国王！

鲍狄埃的诗篇就是如此，先是用最直白、最鲜明的语言毫不留情地揭露出资本主义社会的重重罪恶，然后又吹响充满感召力的号角，鼓动人民群众。他盼望着一场革命的大风暴来临，去推翻一个万恶的旧社会！

坚持革命路线

尽管对离开几年毫无改观的法国有些失望，但革命战士鲍狄埃并没有因此悲观，而是以充满激情与斗志的笔触鼓舞人民群众投身革命。鲍狄埃自己也身体力行，立即加入到法国工人党中，更加努力地为无产阶级解放事业而奋斗。

“无产阶级的发展，无论在什么地方总是在内部斗争中实现的，而现在才第一次建立工人政党的法国当然也不例外。”法国工人党并非完全团结，从成立之初就存在两条路线的斗争。当时盖德和拉法格等人认为应该用武装力量夺取政权，由社会集体占有生产资料，而布鲁斯、马隆等则属于机会主义分子，他们将希望寄托于资产阶级的议会选举，并且小心翼翼地限制工人阶级的活动于合法范围内，不敢去触动资本主义的根基，认为工人阶级的活动应该在资本主义制度可能办到的范围内，所以被称为“可能派”。“盖德

拉法格

派”的主张显然更符合科学社会主义的原则，得到了马克思、恩格斯的支持。

加入工人党后的鲍狄埃，也鲜明地表达了自己的立场，站在了“盖德派”的一边。鲍狄埃之所以做出这样的选择，一方面是对马克思主义深刻的、正确的体会，另一方面则是自己多年革命战斗的经验教训总结。公社之所以失败，就是因为公社战士没有乘胜追击，没有从根子上撼动资产阶级的统治基础。

鲍狄埃不顾自己年老体弱，积极投身到工人党领导的各种政治斗争和宣传活动中。在每次游行示威，总能见到鲍狄埃在高声演讲或者激情朗诵。鲍狄埃还走进工人群众家里，了解他们的疾苦，鼓励他们起来斗争。1880 年，法国工人党参加巴黎市政府的选举，以一万五千张选票第一次获得了胜利。鲍狄埃知道这个消息后，十分高兴，欢欣之余，也冷静地看到，仅仅靠选举是不会得到真正的胜利的，而当时“可能派”则利用选举大做文章，夸大选举的作用，引诱工人群众放弃夺取政权的斗争目标。鲍狄埃写了一些文章，一方面确实为工人阶级的觉醒而鼓舞，另一方面则用冷静的笔触，提醒沉迷于选举中的人们，不要忘记最根本的手段和最后的目标。鲍狄埃所作的《为一万五千张选票欢呼》就是专门针对这一现象写的。诗歌指出，选举只是无产阶级走出困境的第一步，而不是最终目的。无产阶级的最终目的是“废除雇佣劳动制”，掌握大自然的富饶资源。同时消灭资产阶级，把艺术、科学和诗歌从绝境中解放出来：

年轻的政党刚刚建立，
正在前进，选举中旗帜鲜明，
它摒弃暧昧软弱的态度，
像刀尖插入敌人的肉体。
寄生虫阶级你听着，
我们要把一切生产资料

都变成社会所有。
欢呼，一万五千张选票！

同时，鲍狄埃又写了另一首诗——《工人阶级，向前进！》。诗歌提醒无产阶级要肃清“软弱的妥协”，抛开“裹足不前的”“可能派”，用武装起义去应对敌人疯狂的镇压。诗歌中无不透露出马克思主义的真理。与以往的诗歌一样，鲍狄埃用唯物史观告诉人们，世界是劳动人民创造的，劳动人民去推翻资产阶级是天经地义的：

挨饿的人们，世界是我们的。
由于我们长期劳动，
多少世纪才积累了
今天被剥夺的财富。
全世界受苦的人，起来闹翻身，
劳动的果实不容别人夺去。

阶级剥削之下，阶级斗争是不可调和的。无产阶级必须起来，与资产阶级作坚决的斗争：

我们的老板是我们的敌人，
他们的枪炮已经千百次证明。
面对资产阶级的营垒，
我们要建立无产阶级阵营。
艺术家和学者，跟随我们前进！
我们的铁锤将锻造出光明！

鲍狄埃的诗歌首首充满斗志，句句经典。这首诗也经盖德的谱曲，在工人群众中广为传唱。

鲍狄埃经常在法国工人党的机关报《平等报》和《社会主义报》上发表诗作，送给“盖德派”的兄弟们。1881 年他为“盖德派”的一位领导人写了一首《为兄弟们的健康干杯》。诗人运用对比的手法，揭露了资产阶级和无产阶级差别很大的生活:“幸福的人们品尝着新鲜而又好吃的面包”的同时,“世上还有多少人在受着饥饿的煎熬”;“游手好闲的阔太太穿戴得多么鲜艳刺目”的同时,“讨饭的穷人快要冻僵,衣不蔽体,脚上到处皲裂”。但是,如此鲜明的贫富差距却被法律保护,而穷人连上吊的一根绳子都没有。于是,诗人无情地鞭笞道:

大量的盗窃接连不断,
居然自封为“既得利益”。
如今是归还一切的时候了;
我们决不开任何收据!
诗人又一次振臂高呼:
快拿起你们的镰刀和斧子,
被盗窃的人们,跟他们算账!
要得到一切必须靠夺取。
干杯,祝起义的人们健康!

作于同一年的《社会革命》是一首意旨鲜明、战斗力强的短诗。诗歌将劳动者比作一个“巨人”,而在“巨人”面前,“这些暴发户和大阔佬,还有那一伙伪君子和神父,浑身发抖,知道末日已经来到!”巨人要组织起来,要掀起一场轰轰烈烈的“社会革命”。“巨人”向资产阶级宣战,“你们抢走了果实和土地,抢走了劳动产品和生产工具。现在,必须把这些交还我们!”诗人更明确地指明,无产阶级的“社会革命”是一场彻底的改天换地的革命,资产阶级们,休想我们会对你们仁慈,休想和我们一起分享劳动果实:

“可怕的幽灵,你出现在这里,
是不是想来分享我们手中的财产?”
“分享?不,我要你们全部归还!”

可怕的幽灵,徘徊在欧洲,在世界范围,在有压迫有剥削的地方!未来的社会,一定是劳动者的社会,“不劳动者不得食”,懒惰坐享其成的资产阶级,已经没有了出路!

鲍狄埃是一个清醒的革命者。在任何时候，在任何人面前，他坚持的是无产阶级革命的基本准则，没有人情例外。1882 年 9 月 25 日，法国工人党在圣亚田召开代表大会。会上，“可能派”仗着人多势众，篡夺了大会的领导权，并且提出要修改马克思参加制定的党纲，加入竞选的内容，为他们的竞选服务。“盖德派”坚决反对，并且退出了大会。第二天，“盖德派”在罗昂召开法国工人党第六次代表大会。这次大会后，法国工人党分裂为“盖德派”的法国工人党和“可能派”的“社会主义工人同盟”。虽然法国工人党的人数大大减少了，但是纯洁度更高了，这样反倒有利于革命的推进。

鲍狄埃始终站在“盖德派”一边。鲍狄埃有一个战友叫马隆本，俩人关系不错，在巴黎公社保卫战中，俩人一起出生入死，结下了深厚的革命友谊。马隆本在这次路线斗争中选择了“可能派”，鲍狄埃坚决地和马隆本划清了立场，同马隆本决裂了。

从 1882 年鲍狄埃的病稍微好转开始，他就开始创作大量诗歌表达对“盖德派”的支持，1882 年他在病榻前写了《饥荒制造者》《八号》《采石工的寡宴》等，揭露了资本家的丑陋面目。从 1883 年到 1884 年，鲍狄埃又相继写了《热月的女儿》《神圣的三位一体》《社会大赦》《丰产》《过剩》《危机》《调查委员会》等诗歌，对第三共和国进行了深刻全面的抨击，并鲜明地打出了自己支持“盖德派”的立场。

对于敌人，鲍狄埃没有半点儿同情，他笔下的资本家及资本家政权，是一个个怪兽，比硕鼠还贪婪。《热月的女儿》以辛辣讥讽的笔调，描写了 1870 年的第三共和国。一个多世纪前，资产阶级发生了热月政变，将第三共和国被视为热月政变后的产儿。鲍狄埃甚至讥讽道，自己记忆中的法国是妓院，第三共和国这个“热月的女儿”，虽然自称为女神，但实际上却是寡廉鲜耻的“娼妇”，她勾搭教会，和巨商大贾同居，每一次政变都是鞍前马后奔波：

为了遮丑我轻轻喊叫几下，
接着便为新政权招兵买马，
我搜罗来立法议会的议员，
还拼凑起一届届保守议院
——暴君全都会装潢门面……

热月政变

在《神圣的三位一体》中，鲍狄埃一针见血，认为第三共和国的资产阶级统治，是合宗教、财产和秩序为一体的统治。宗教是欺骗的说教，私有财产是霸占劳动者的价值，秩序是用屠杀来维持社会安宁。鲍狄埃一下点破了资产阶级“三位一体”的统治实质：

神圣的三位一体，是你对我们残酷压榨！
牧师，食利者，宪兵是你在尘世的三个化身，
上帝——就是撒谎、盗窃和屠杀。

《丰产》一诗，从题面意思来看，诗者似乎想呈现一幅生机蓬勃大丰收的景象，“成熟的麦穗沉重而饱满，只等着开镰”……诗者用了大幅笔墨描写丰收在望的欢乐，但最后一段，笔锋一转：

但在返回工人区的路上，我的脚
触到衣衫褴褛的母子俩——已饿死在路边。
成熟的麦子啊，请问，是谁把你吞占？

朱门酒肉臭，路有冻死骨。满眼丰收，却路有饿殍，两相对比，很容易激起人们心中的愤慨。

《过剩》则直接点题，意旨明确地描述当下资本主义社会中的不合理现象。资本主义生产危机是资本主义社会难以避免的。一方面，为了追求利润最大化，资本家盲目扩大生产，另一方面，资本家剥削的本性使他们不会为劳动人民着想，只会加紧剥削他们，使他们的生活每况愈下，购买力降低。

于是，生产的产品虽然多了，但人们的购买力却十分有限，商品大量过剩，经济危机就不可避免地产生了。鲍狄埃用一首短小精干的小诗，通过描述一个皮鞋工厂的命运，把资本主义社会难以避免的经济危机栩栩如生地表现出来：

资本家，你一面侈谈“秩序”，
一面疯狂地盲目生产，
任凭没买主的鞋堆成山。

一边是堆积成山的鞋子，一边却是劳苦大众的赤脚或者破烂不堪的鞋子：

可是在泥泞的街道上，
衣不蔽体的劳苦大众，
脚上的鞋却破烂不堪！

鲍狄埃的诗就是这样，不经意间可以表现出大的道理或者理论。马克思主义政治经济学的原理就在这首小诗中展现无遗。而这所有的控诉，所有的铺垫，都是为了鼓励人民群众起来革命，建立无产阶级社会。

1884年，“盖德派”领导的法国工人党，因为路线的正确性，将越来越多的工人团结在自己周围，而社会主义工人同盟则日益孤立。斗争高潮似乎一触即发。鲍狄埃眼见着乐观的形势，于是给盖德写了一首诗——《铁匠的梦》。这首诗描绘了劳动人民光辉的形象，把劳动人民比喻为披着红色斗篷的海格立斯，并且借这位巨人的口，强调劳动者才是历史的主人。诗歌依然强调以前诗人常强调的主题——劳动者是历史的主人，要团结起来推翻资本主义社会：

这个社会残害成年人和儿童，
为什么不赶快把它彻底埋葬？
我唯一的拯救者，就是我自己，
我一定能战胜恶魔，叫它灭亡。

诗人接着用激昂的语气去鼓励人民大众和旧社会、旧制度决裂，而不是像“可能派”那样沾沾自喜于选举某次偶然的胜利，更不是像“可能派”那样幻想议会改良的道路：

我再也不需要犹大充当我的代理人，
我为议会耻辱付出的代价已经太多，
我对资本说：我们必须把账算清！
你既然是我所创造，就应当属于我。

最后，诗人乐观地展望，只要无产阶级团结一致，朝着一个目标奋斗，那么，全世界一定会插满红旗，“劳动者，你要成为全人类！”

高举巴黎公社的红旗

鲍狄埃是曾经的公社战士，他的心灵深处，是对公社无比的眷恋，是对公社未竟事业无比的遗憾，是对继承流传公社精神和原则的深切盼望。“五月流血周”过后，一些立场不坚定的公社战士在敌人的屠刀面前害怕了、屈服了。他们背叛了自己的信义，忘记了战友们的鲜血，或者向统治者谄媚献计，以求得一官半职。留在党内的人又滑入了机会主义的陷阱，不愿意进行彻底的革命。当然，更多的革命志士不会因一时的挫折而对革命前途丧失信心，反而在敌人残酷的刺刀下，更加清醒地认识敌人的真实面目，更加准确地理解无产阶级革命的真理。鲍狄埃就是这样一个百战不饶的斗士。他坚信，某一天巴黎公社的红旗必将插在世界的每一个角落。

巴黎公社失败后，每年的 3 月 18 日和 5 月，巴黎的群众都会举行集会和游行，纪念那段伟大的历史。每次举行纪念活动时，鲍狄埃总是拄着拐杖，蹒跚着来到集会和游行现场，与群众们一起悼念在公社运动中牺牲的战友们。

1883 年 5 月的最后一周，就如每年的这一周，巴黎人们总是充满沉痛与哀思。成千上万的凭吊者一起，缓缓来到公社社员墙前，默默为逝去的战友们祈祷。鲍狄埃也在这支凭吊大军中。鲍狄埃想起了当时的场景，公社最后二百来名战士被敌人逼到了死角，每个人都那么英勇，到最后一刻都在战斗。鲍狄埃感受到这段历史的沉重，感觉到公社墙的凝重。于是，他激动地写下了《公社战士纪念碑》。纪念碑不仅仅是死者英勇的象征，更是活者心中的一块重要地标，一块激发斗志的地标：

它将像警钟怒鸣，唤起饥寒交迫的人们，
团结成愤怒的队伍，使地动山摇。
愿这座公社战士纪念碑，
成为我们复仇的号召！

1885 年 5 月 24 日，成千上万的巴黎工人群众举行集会，纪念公社革命十四周年。当时的资产阶级面对大规模的群众集会，非常胆怯，生怕出了岔子，于是惯用武力镇压的方法杜绝一切群众集会。当群众的游行队伍来到公社社员墙前，向烈士献花的时候，军队和警察就冲入人群中，用武器对准了老百姓。

本来对当权者就已经非常失望了，现在当权者居然干出如此大逆不道的事来，愤怒的鲍狄埃写下了《十四周年》的诗歌。这首诗刊登在“盖德派”《社会问题》月刊的第六期上。在这首诗中，诗人高呼：“抓住杀人犯！”他怒斥了在纪念活动中对人民动武的资产阶级军警们，号召无产者要团结起来，高举巴黎公社的红旗，团结起来，不畏强暴，战斗到底：

这面红旗是全世界人民的旗，
在那繁荣、自由、平等的世纪，
在那没有剥削、没有压迫的世纪，
将像一轮红日高高升起。

这面红旗在战斗的黑夜中闪耀，
妄图把它拔掉那是徒劳。
受压迫的人们，我们一定要保卫它，
我们很快将胜利，一定要把它举得更高。

鲍狄埃不仅讴歌逝去的公社英雄，还赞扬那些继承公社战士遗志的英雄们。当时，法国工人党应该是公社战士的“复活”，鲍狄埃认为“盖德派”的工人党蕴藏了巨大的能量：

像赫克力士，宽大的肩膀，浓密的毛发，
这位巨人身披着红色的狮皮斗篷，
两条袒露的胳膊高举起一把铁锤，
铁的血液在他的蓝色河流中流动。

如鲍狄埃所说，公社的精神和原则并没有死亡，公社的红旗必将插满全世界。1886 年，鲍狄埃写了一首《她并没有死亡》的诗，他相信，终有一天，公社的红旗会插满全世界：

像从枝头打掉苹果，
像用镰刀割平草场，
那些残暴的凡尔赛分子，
使十万人民丧命遭殃！
看！十万人都被杀害了，
最后的结果又是怎样？
尽管这样，……
公社并没有死亡！

鲍狄埃相信，达摩克利斯之剑，已经悬在资产阶级头上。人民终将会让这些资产阶级明白，巴黎公社并没有死亡！

鲍狄埃在怀念公社的同时，也有对公社的反思。在巴黎公社中，起主要作用的是工人阶级，而农民这一工人的同盟军作用并不大，公社失败的原因之一就是没有充分调动农民的积极性。鲍狄埃于是写诗提醒大家，要充分重视农民的作用。波诺姆是一个农民，鲍狄埃用细腻的笔触写实了波诺姆的痛苦生活，接着就鼓动农民起来，将公社的斗争继续下去：

波诺姆，难道你不来看看，

牺牲在拉雪兹墓地的英烈?
波诺姆,
波诺姆,
你终将为死者把仇恨洗雪!
公社万岁!
公社万岁!

在公社精神的号召下，法国工人党确实掀起了针对资产阶级的运动。1884年，在工人党的领导下，法国境内开展了一系列的罢工运动。鲍狄埃看着自己身边工人的醒悟和崛起，非常兴奋。他写了很多诗歌，献给这些伟大的起义者们。

起义者！……
他不再是当牛作马的奴隶。
他只服从真理，
奋勇前进，坚定不移。
因为科学的红太阳，
已经从天边升起。

在鲍狄埃的眼中，无产阶级已经是革命思想武装起来的起义者，是可以推动革命暴风雨的起义者。他向这些起义者呐喊：

起义者子弹上膛，
毅然挺身，
反抗沉重的奴役，
挣脱野蛮的贫困。

这首诗就叫《起义者》，名字一目了然，内容言简意赅，却深富鼓动力。当时他的两位战友都为这首诗谱曲，然后在工人范围内广为流传。鲍狄埃的呼唤最终成真了。是年，法国掀起了一次全国范围内的罢工斗争。

对这次规模巨大的罢工，首先得从昂赞矿工的罢工说起。昂赞位于法国北部，是法国最大的煤矿中心之一。梯也尔是昂赞煤矿的大股东。昂赞是法国重要的能源产地，为法国创造了巨大的生产力。然而，这一切都是建立在资本家残酷剥削煤矿工人的基础上的。煤矿工人干着最累、最脏、最不安全的活儿，却拿着最少的工资。他们的家人本指望他们养家糊口，结果却是食不果腹，衣不蔽体，流离失所。资本家将赚得的全部纳入自己的腰包，根本不管这些工人的死活。长期的压迫，长期的劳作，这些煤矿工人心中早已怒气冲冲。终于在 1884 年 2 月，两千多名矿工从黑暗、潮湿、狭窄的矿井中走了出来，向资本家要求自己的权利，开展了一场影响巨大的罢工。罢工的消息传开，给同样积怨已久的法国工人阶级以振奋的力量，他们纷纷支持罢工，给煤矿工人提供援助。

正义终将战胜邪恶。资本家们万万没想到沉默已久的昂赞矿工真的会揭竿起义，还没想到的是一石激起千层浪，昂赞矿工起义的消息居然能如此迅速地传到法国的每一个角落，更没想到的是，如此众多的法国工人会力挺和支援昂赞矿工，自己无情地被判到了非正义者的一边。同年 4 月，眼见着罢工的风浪越卷越高，资本家被迫答应了工人的合理要求。

鲍狄埃也听说了昂赞工人的罢工，他心中的火焰被点燃起来。这时候他写字都有些困难了，于是他要妻子帮助记下诗歌。虽然年近古稀，虽然身体不好，但他心中那股巨大的能量，化作响亮的声音，喊出了自己心中最深的渴望：

支援去！斗争必须胜利，
矿工们敲响了警钟。
我们虽然贫困，也要紧衣缩食，
昂赞矿区的工人正在罢工。

鲍狄埃又一次从战斗中看到了美好的前景：

深重的灾难不会白白过去，
痛苦永远孕育着新生！
渴望那伟大的日子来到，
我们满腔的热血已经沸腾。

悲惨的饥饿在工人区，
正掀起狂风暴雨一场。
深深的黑暗的矿井里，
正迸发出火山的岩浆！

鲍狄埃的《罢工》就如喜报，带着昂赞工人获胜的消息，传向了各地：

一旦他们在胸前交叉起
黝黑健壮的臂膀，
多少机器都得停止转动，
生产的心脏会立即死亡。
……
“武装起来！”警钟已经敲响，
愤怒的情绪传遍了全矿。
受尽寡头压榨的奴隶，
定将获得斗争的胜利。
……

法国昂赞矿工罢工的胜利给法国工人以信心和勇气。在“武装起来”的感召下，法国无产者掀起了一场革命的狂风暴雨。各地工人相继发起罢工，罢工浪潮在法国全国涌动。

1886 年初，法国德卡兹维耳矿区大罢工爆发。法国德卡兹维耳矿区位于法国南部。当时矿工受到的压迫非常严重，经常有人被高强度的劳动夺去生命。

是年年初，资本家再一次压低矿工们低得不能再低的工资。矿工们面对矿主的无理要求，已经不能再忍受了。于是矿工们开始停工，向矿主们提出了合理的要求。已经习惯飞扬跋扈的矿主们，对于这些合理要求置之不理，矿工们一气之下，打死了矿主。政府见状，立刻调来了军队，强行占领了矿区，逮捕了当时罢工的领导人。在荷枪实弹的军力面前，在强大的国家机器面前，德卡兹维耳的矿工们并没有屈服和害怕，他们推出新的领导，并向全国派出求援的代表，坚持斗争下去。德卡兹维耳的罢工迅速蔓延到全国各地，在此鼓舞下，法国的各个大城市也展开了规模巨大的声援运动。

鲍狄埃也在密切地关注这次罢工，为罢工谱写了一首首赞歌。《烤火吧，这是你自己的木柴》一诗作于1885年。鲍狄埃想通过这首言辞激烈的诗歌，鼓励罢工斗争更进一步——夺取资产阶级的政权，建立无产阶级专政。又是以对痛苦生活直白的描述入手：

危机一天比一天严重，
人民的生活没吃没烧，
如果这也能叫做生活！

什么是人民的生活？是老人孩子居无定所，流离失所；是工人们创造的一堆堆无人消费的过剩商品；是资本家对工人的恣意压榨与剥削……在进行了入骨三分的描述后，鲍狄埃鼓励工人们：

快把资产阶级的武器夺过来，
穷苦的让，
把你需要的东西夺回来。
快把资产阶级的武器夺过来，
烤火吧，让，这是你自己的木柴！

当然，夺回木柴的目的是为了建立一个真正属于人民的政权，鲍狄埃又一次鼓励人们：

失业的工人应当高瞻远瞩：
要成为国家的主人，掌握政权，
将法律和制度彻底改变。
为了让我们的革命
将一切都归还人民，
前进，把这场斗争进行到底。
穷苦的让，
把你需要的东西夺回来，

前进，把这场斗争进行到底，
烤火吧，让，这是你自己的木柴！

1886年2月7日，为了支持德卡兹维耳的罢工，“盖德派”的《人民呼声报》在巴黎的水塔剧院，召开了一个四千人参加的群众大会。鲍狄埃也参加了这次大会。会上，一位来自德卡兹维耳的老矿工义愤地说：“现在是轮到羊吃狼的时候了！”矿工的比喻非常贴切。当时的矿工，就如温顺的羊群，任人宰割，而矿主们就如凶残的狼群，时时觊觎着羊群，想揽入怀中。鲍狄埃听到老矿工的这句话，觉得精辟在理，也受此启发，写下了《羊群的复仇》一诗，并刊登在2月10日的《人民呼声报》上。

鲍狄埃用简明的诗句表明了矿工生不如死的悲惨生活：

为了挣得微薄的收入，
我们像活人埋在墓中；
在永恒的黑夜中爬行，
应得的收入也常落空。
他们用饥饿卡我们的脖子，
罚金把我们推向坟冢。

是苟延残喘，还是揭竿起义？鲍狄埃为德卡兹维耳矿区的罢工大声喝彩：

是的，要把牙齿和镰刀磨利，
拿这群恶狼填腹充饥。
特别是那些伪装的豺狼，
它们还披着牧人的外衣。

鲍狄埃这一时期受到工人罢工的激励，给《人民呼声报》写了不少的诗词。1886年5月9日，鲍狄埃的《慷慨捐献》在《人民呼声报》上发表。《慷慨捐献》为号召大家支援罢工而作。

与以往的诗歌一样，鲍狄埃用鲜明的对比来引出话题：

一边是工人的法国，
一边是金融这庞然大物。
罢工，使对垒的两军，
像印第安人那样展开了角逐。

得道多助，失道寡助。人类正义的事业一定会得到绝大多数人的支持。那些自己还苦苦挣扎在贫苦线上的工人们，看到自己同胞们的罢工，也欢欣鼓舞，拿出自己仅有的不多的一点儿钱来支援罢工。尽管数目微小，但倾其所有的精神、这稀少的捐助所代表的含义，是无可比拟的：

这个空口袋里拿出的铜币，
这个由一个苏都没有的人拿出来的苏，
会吓坏那些贪得无厌的家伙，
金融巨人也会因此而感到恐怖。

罢工的含义也是巨大的，鲍狄埃将之看作奔向目标的良好开端：

坚持罢工，是一次战斗，
是一个开端。
我们一起奔向我们的目标，
看，灿烂的霞光已显露在天边。

正如鲍狄埃预测的那样，好的开始是成功的一半。“黑暗的苦役场处处燃起火焰，大火熊熊正在迅速蔓延！”德卡兹维耳的罢工，持续了六个多月。在这次罢工的影响下，其他城市也发生了一些更大规模的罢工，同样影响了全国。年岁已高的鲍狄埃置身风起云涌的革命风潮中，将自己的所见所闻所思所想写成了一首首伟大的诗歌，登上了自己毕生创作的高峰时期。

第七章

生命不息

鲍狄埃诗集

鲍狄埃一生共留下了252篇诗，其中73首诗是他回国后写的。战斗是鲍狄埃诗歌中永恒的主题，这73首诗中，战斗的主题更鲜明，更具国际视野。诗人常常用对比、讽刺等艺术形式，展现资本主义社会中难以克服的劳资矛盾，以此激励广大群众为一个更加美好的未来斗争。这73首诗中，鲍狄埃写下了自己对巴黎公社经验教训的反思。此时的他已经退去了年少时的青涩，更加深刻地洞悉了社会发展的客观规律，弘扬无产阶级革命。鲍狄埃的诗或者被刊登出来，或者被谱曲，在工人中广为流传，成为广大劳动者重要的精神食粮。

尽管少年就远近闻名的鲍狄埃在早年的时候出版过一些小诗集，但此后四十多年，再也没有出版过一本诗集。将自己多年的心血付诸出版，应该是每个文化人都梦想的一件事，鲍狄埃也是如此。前面已经讲到，1883年的一次诗歌比赛上，鲍狄埃获得第一的殊荣。当时的诗歌竞赛会主席谢布鲁在竞赛后办了一个宴会，鲍狄埃参加了这次宴会。宴会后第二天，谢布鲁和另一位诗人一起去拜访鲍狄埃。谢布鲁等人见鲍狄埃生活条件极其恶劣，诗人也体弱多病，于是提出可以为诗人办一次募捐。鲍狄埃坚决地拒绝了这个提议，反倒提出：“出版我的作品吧，我即使饿死也不要紧！”谢布鲁等人为鲍狄埃的执着所感动，回去后就开始张罗出版诗集的事儿。

1884年，在谢布鲁等人的帮助下，鲍狄埃的第一本短诗集终于出版了。诗集名叫《谁是疯子》，取自这本书中的一首诗的名字。诗集由“盖德派”出版社出版，主要收入的是巴黎公社前鲍狄埃的作品。当年，“盖德派”出版社出版了鲍狄埃仅有的三十二页小诗集，诗集名叫《社会经济诗·十四行诗》。

《谁是疯子》出版后，获得了文艺界的广泛好评。当时“盖德派”对鲍狄埃的诗集反响最大，称鲍狄埃为“真正的社会主义诗人”，认为鲍狄埃的诗“超越了时代的局限，而以崭新的思想使人震惊”。但就如开篇讲到的那样，鲍狄埃的诗以巴黎公社失败为界，分为两个阶段。两个阶段的诗作都有对资本主义人吃人社会的激烈抨击，对资本主义制度的深刻洞察。但前一阶段，鲍狄埃的诗歌更多将关注点放在法国国内，是对法国社会制度、工人运动的总结和反思，后一阶段，鲍狄埃的诗歌则更加犀利，对梯也尔政权的控诉，对建立无产阶级专政的目标的坚定，这些都是鲍狄埃自己流亡国外、对其他国家工人运动的反思与提炼，视野无疑较前一阶段更为开阔。

1884年，欧洲工人运动发展势头很好。于是，鲍狄埃的战友们打算出版鲍狄埃的新诗集，为欧洲工人运动发展提供雄壮的战歌。其实，这时候鲍狄埃的战友们生活也不尽如人意，但是他们与鲍狄埃一样，为了伟大的无产阶级解放事业，宁愿奉献自己的一切。这些穷困潦倒的战友们，每个月凑几个钱，用了整整三年时间才凑齐了出版诗集所需的经费。

1887年春天，鲍狄埃的另一本诗集《革命诗歌集》终于集结出版。这部诗集集中了鲍狄埃很多优秀的诗作，包括很多他尚未发表的诗稿。鲍狄埃对这本诗集也非常上心，在诗集出版前，认真修改了自己的诗作，特别对《国际歌》进行了更细致的修改。经过修改的《国际歌》就是在这本书上首次跟大众见面的。

从封皮上看，《革命诗歌集》就有浓郁的革命色彩。一把利剑代表了革命，将整个诗歌集定调为向旧社会、旧制度开战。封皮上还有一行小字，表达了鲍狄埃对自己战友的感激：“本书承蒙欧仁·鲍狄埃在巴黎公社时期的老战友的关怀得以出版。”

当时《革命诗歌集》引起了强烈反响。诗歌集出版后，看得最多的是工厂的工人，矿山的工人。茶余饭后，朋友集会，行业聚会，工人们都会拿出这本诗歌集，或高声朗诵，或埋头吟诵。《革命诗歌集》之所以能得到工人的如此关注和喜爱，全在于这些诗歌首首直达工人内心，表达了他们心中深埋已久的不满和愤怒。对将来共产主义社会美好前景的描写，又让他们在苦闷的工作中不至于完全绝望，让他们充满信心，期盼一个美好的未来。

鲍狄埃的诗歌集，对于那些无产阶级解放事业中的领军人物来说，也是重要的精神食粮与鼓励。盖德对鲍狄埃诗歌集赞誉颇高。1887 年 6 月 18 日，盖德在法国工人党机关报《社会主义者》上发表了自己写的《欧仁·鲍狄埃》。盖德在这篇文章中，称鲍狄埃是“一位伟大的抒情诗人，同时又是一位思想家”，《革命诗歌集》是一本为穷苦劳动人民写的书，“在这本书里，艺术将刽子手阶级永远钉在耻辱柱上”。

列宁也非常喜欢《革命诗歌集》。1913 年，列宁写了一篇纪念鲍狄埃的文章——《欧仁·鲍狄埃》。列宁还将这本诗集放在方便的地方，随时可以拿出来读一读。十月革命胜利后，列宁办公室的书橱里还放着这本集子。

盖德

《革命诗歌集》以犀利的文风，尖锐的批判，让反动者闻风丧胆。据说当时俄国的革命者把诗集带到了彼得堡，当时沙皇的检查制度很严格，一个书报检察官看了这本诗歌集后，忐忑不安地向沙皇汇报：

至今尚无人知晓的欧仁·鲍狄埃（参加过巴黎公社）所著《革命诗歌集》一书，浸透了对现存经济制度的深刻仇恨，意在煽动贫苦阶级用暴力推翻整个社会，……鉴于此书之倾向，应予严厉谴责，无疑理当查禁。

但是，真理是挡不住的，鲍狄埃的诗歌，穿越了重重限制，在全世界范围内也逐渐得以广泛传播。

发表《国际歌》

起来，饥寒交迫的奴隶！
起来，全世界受苦的人！
满腔的热血已经沸腾，
要为真理而斗争！
旧世界打个落花流水，
奴隶们，起来，起来！
不要说我们一无所有，
我们要做天下的主人！

从来就没有什么救世主，
也不靠神仙皇帝！
要创造人类的幸福，
全靠我们自己！
我们要夺回劳动果实，
让思想冲破牢笼！
快把那炉火烧得通红，
趁热打铁才会成功！

国家压迫，法律欺诈，
苛捐杂税把民脂搜刮。
有钱人不尽任何义务，
穷人的权利是句空话。
长期监管，我们已难忍受，
要平等，就得有新的法度：
“没有无义务的权利，
也没有无权利的义务。”

那些矿山老板和铁路大王，
卑鄙无耻，涂上“神圣”的灵光。
他们除了窃取劳动果实，
不劳而获，还有什么用场？
在这帮匪徒的保险箱里，
劳动创造的财富全被铸成金币。
命令他们将一切归还劳动者，
这不过是人民应得的权利。

王朝的混战已使我们厌烦，
我们之间要和平，向暴君们开战！
在反动军队里实行罢战，
枪刺向下，队伍解散！
再逼我们为他们卖命，
他们很快就会发现，
我们的子弹将射向他们的将军。

是谁创造了人类世界？
是我们劳动群众！
一切归劳动者所有，
哪能容得寄生虫？
最可恨那些毒蛇猛兽，
吃尽了我们的血肉！
一旦它们消灭干净，
鲜红的太阳照遍全球！

这是最后的斗争，
团结起来，到明天，
英特纳雄耐尔
就一定要实现！

《国际歌》初稿成于1871年，到1887年发表，中间经历了十六年。在这十六年间，世界形势已经发生了很大变化，国际工人运动得到了迅猛的发展。鲍狄埃也置于时代大潮中，并且辗转于几个国家，经历了这些国家的革命运动，对马克思主义有了更深刻的理解。所以在《国际歌》第一次发表的时候，鲍狄埃在原来版本的基础上进行了修改和补充。我们也非常有必要将《国际歌》初稿与发表版本的《国际歌》比照起来看，内容还是有些许变化的。这些变化表明了鲍狄埃思想发展和演变的轨迹，也能看出国际共产主义思想发展及其运动演变的规律。

《国际歌》初稿是鲍狄埃在巴黎“五月流血周”发生后写出来的。当时的鲍狄埃，刚刚经历了流血周的黑暗与痛苦，对凡尔赛梯也尔恨之入骨，于是初稿里有很多针对法国当时具体情况的诗句。十六年后，鲍狄埃走过了法国、英国和美国等国家，经历了这些国家的工人运动，让鲍狄埃变得更加成熟、更加理性，他的眼界变得更加开阔，他的思想开始超越国界，他自己也变成了一个伟大的国际主义战士。十六年后，经鲍狄埃修改过的《国际歌》也体现了鲍狄埃的这种思想演变。

初稿第一段以团结巴黎公社战士——“起来，无产者的灵魂”开始，鲍狄埃在发表版本的《国际歌》中，将第三及第四句——“起来，饥寒交迫的奴隶！起来，全世界受苦的人！”提前到第一段的开头，所以《国际歌》就摆脱了只局限于法国的倾向，放眼世界，展现了国际眼界。

鲍狄埃把初稿的第四段修改后，放到了发表版本的第三段。初稿第四段控诉的是法国资本主义国家对法国人民群众的压榨和剥削，而修改后的这一段主要是控诉了在资本主义国家普遍存在的剥削和压迫现象，控诉具有普遍性。这一段的结尾——“没有无义务的权利，也没有无权利的义务”，出自《国际工人协会共同章程》，也是大家耳熟能详的经典。

发表版本中的第四段是新增加的，与第三段相得益彰。第三段凸显义务与权利，控诉的是资本主义国家中，资产阶级对无产阶级权利的侵蚀。到了第四段，鲍狄埃直接就指出，资本家除了剥削工人、攫取社会财富外，根本没有任何存在价值。现在，劳动者应该团结起来，将这些人所剥夺的社会财富夺回来，而这本应该属于劳动者！

第四段用到了初稿第三段的部分内容，但是初稿的后面部分内容被新写的四句诗代替。这部分反映了马克思主义反对对外侵略战争的思想，也表达了无产阶级不愿与任何反动者为伍的决心。

初稿一共有六段，但修改后的发表版本删去了初稿中的第六段，将初稿的第五段作为发表稿的最后一段。鲍狄埃对初稿第五段最后一句也进行了修改，将“地球照样转动不停”改为“鲜红的太阳照遍全球!”这样的修改，更加突出了马克思主义真理将在全世界发扬光大。

在初稿基础上修改发表的《国际歌》，已经更具国际主义的视野，有了更高的立意与境界，将马克思主义关于无产阶级革命的真理表现得淋漓尽致。

永远活在人民心中

1870 年，鲍狄埃写了一首自传诗——《小传》。自传诗以“墓志铭”结尾：

宛如芦笛、木铎或竹哨，
他死于斗争的风暴。
这里长眠着“鲍鲍”，这个老“鲍鲍”，
这里长眠着“鲍鲍”，老诗人“鲍鲍”！

“鲍鲍”是巴黎人民对鲍狄埃的昵称。虽然亲昵，但仍不乏尊重，鲍鲍也即“人民诗人”的意思。活到老，战斗到老。如鲍狄埃自己所说，直到生命的最后一年，1887 年，年逾古稀的他，仍然怀揣着革命的斗志和激情，以笔为戎，义无反顾地继续着自己捍卫了一生的革命事业，直到最后“死于斗争的风暴”。

1887 年初，“盖德派”宣布脱离赛维琳主编的《人民呼声报》，独立创办《人民之路》。鲍狄埃被革命友人的革命热情所渲染，立刻发来贺诗——《人民之路》。诗云：

人民前进在自己的道路上，

从此勇往直前。
要把吃人的恶魔肃清，
前进！
人民前进在自己的道路上，
在“人民之路”上前进！
……
你要面包，你要住房，
但要高瞻远瞩地对待这个问题；
人民啊！新的思想鼓舞着你，
你要发起伟大的冲击。
无产者啊，你们要掌握国家和法律，
你们要夺取土地，
理由是：这是属于我们的！

朗朗上口的诗歌，充满浩然正气的诗歌，昭示了人民的理想、信念与坚持，鼓舞生活在底层的人为自己的幸福明天而奋斗。

当然，鲍狄埃时时都没有忘记，自己也是人民的一员，自己也要加入人民大军中，为迎接新生活共同奋斗。这年春天，“盖德派”领导的无产者文艺团体芽月小组成立了。鲍狄埃听到这个消息，不知道有多么高兴，他立即作诗，申请加入这个革命的队列。他认为这个小组名叫“革命”更合适，他也愿意和小组成员一起，为革命献身：

我，鲍鲍，为了社会共和国，
为了平等，
愿奋发我衰老的余生。
啊，为正义的未来而战的人们！
我是你们当中的一员，
愿同你们生死与共。

3 月 18 日，是鲍狄埃一生中最重要的一天。十六年前的 3 月 18 日，巴黎公社起义者的旗帜，点燃了无数人心中的革命火种。十六年后的 3 月 18 日，当年巴黎的街头，市政厅中人群攒动。大家都聚集在一起，为纪念这一伟大的日子。鲍狄埃看着眼前的一幕幕，无比兴奋地写道：

那是一个光辉灿烂的早晨，
三月里万物都在萌芽生长，
在那面红旗的照耀下，
劳动人民渐渐：眼明心亮。
他们的粗布衣服染上金光，
蔚兰的天空显得更加辉煌。

回忆过往是为了放眼未来。鲍狄埃从过去的战斗中看到了灿烂的前程。公社的革命，永远激励着无产阶级为争取胜利的明天而战斗不息。让我们重温这些珍贵的岁月：

这是史无前例的创举！
我们看见明天一定会到来，
三月十八日就是明天的序曲。

人说英雄迟暮。然而，从这个垂垂老者的自白诗中，我们看不到迟暮的遗憾，看不到生命终结前的叹息，看到的是一如既往的勇气与激情。就如一颗常春藤，生命不息，斗争不止。

充满活力的常春藤主动进攻，
和万恶的掠夺者公开交锋，
它绿色的手腕牢牢抓住城墙，
城墙则顽固坚持，竭力抗争。
展开了一场旷日持久的决斗。

这是鲍狄埃《常春藤在行动》诗中的部分。我想，这正是鲍狄埃百折不回的战斗精神的写照。鲍狄埃经历过流离外国的孤立与凄凉，遭遇过革命低潮的落魄与悲戚，但是，失败没有打倒他，危险没有吓倒他，如一棵“充满活力的常春藤”，不畏强暴，朝着目标，坚持不懈，直至生命的最后一刻。

让这位以诗言志的斗士欣慰的是，在自己生命的最后一年中，在自己并肩战斗战友的协助下，鲍狄埃出版了自己的诗集《革命歌集》。这是他在世时出版的最重要的诗集。诗集收录了他八十年代及这之前的部分作品。

在这本诗集中，《国际歌》正式和读者见面了。诗集也得以广泛的流传，将革命的精神撒播人间，宣扬了正义，宣扬了梦想，宣扬了坚持。

时间到了深秋，已近弥留的鲍狄埃，在病床上艰难地写下了他最后一篇诗稿——《莫洛赫》。莫洛赫是古代传说中的天神，是最凶恶的吃人的神。人们用焚烧孩子的方式去祭奠这个天神。在鲍狄埃的眼中，资本主义和莫洛赫一样，吃人不眨眼，而这种吃人的行为，却受到法律的保护：

发了横财的老板说：“女人，
你已经交给我三条人命：
你的丈夫、儿子和你的父亲，
你今晚可以来认领尸身。
反正当局只听我一面之词，
任你起诉，我总能推卸责任，
法庭将会驳复寡妇门：
说他们统统是酒后丧生。”

面对这吃人的莫洛赫，于是鲍狄埃号召“打倒莫洛赫”！鲍狄埃也相信，人民已经觉悟，一定会奋起推倒这吃人的旧社会：

但今天人民已挺身而起，
手拿武器去冲锋陷阵，
他们吹响罢工的号角，
推翻莫洛赫！工友们，
我们再也不能容忍，
把人类给它作祭品。

“打倒莫洛赫！”这是鲍狄埃留给世人最后的鞭策与鼓励。大约在《莫洛赫》发表一周后，1887 年 11 月 6 日，伟大诗人、无产阶级的先进战士鲍狄埃走完了自己战斗的一生。

鲍狄埃去世后第二天，一些老公社的战友发表了讣告：

致巴黎的劳动者：

欧仁·鲍狄埃逝世了！现在正在巴黎的他的老战友决定，将他的葬礼置于所有劳动者的保护之下。

一贯尊崇他的政党和巴黎人民定会响应这一号召。他们将最后一次前来向这位把一生都献给了社会事业的人致敬，他是革命战士，也是革命诗人！

三天后，鲍狄埃的葬礼在巴黎举行。下午一点半左右，前来为鲍狄埃送行的人来到鲍狄埃故居前。当时当政者生怕出乱子，派了三、四百警力监视。工人们手里握着一面红旗，在还没有打开之际，警察便从工人手里夺去了这面红旗。于是引发了激烈的民警冲突。

警察的力量终究敌不过坚毅的人群。灵车上安放着鲍狄埃的棺木，棺木上铺着公社委员佩带的红色肩带，肩带上是金黄色的流苏。肩带代表了鲍狄埃毕生的信念与理想。一万多人自发组成的送葬队伍神色凝重，跟随着灵车缓缓前行。他们要把这位伟大的战友送往安息之地——拉雪兹神父墓地。

送葬队伍走过巴黎大街小巷，走过曾经承载了光荣与梦想的历史旧址。每当到了一处大街或者广场，送葬的人群激动地发出“公社万岁！”的口号，响彻云霄，震彻人心。

下午三点半，送葬队伍来到了拉雪兹神父公墓。这里曾发生过五月保卫战，长眠着在保卫战中牺牲的公社先烈。如今，鲍狄埃也将与自己的战友一起，守护这片圣地。

鲍狄埃的葬礼庄严而肃穆，许多著名的革命者也纷纷赶来，为他送行。比如马克思的女婿夏尔·龙格，公社女诗人路易丝·米歇尔等，都来到了葬礼，并发表了讲话，表达了哀思。伴随着“公社万岁”雄壮的喊声，鲍狄埃的葬礼结束了。

葬礼第二天，法国工人党机关刊物《社会主义者》刊发了鲍狄埃最后的诗篇——《莫洛赫》，同时也发表社论，表达了对这位革命战士的缅怀：

欧仁·鲍狄埃的逝世，不仅使我们失去了一位革命战士、中央委员和公社委员。科学社会主义还失去了像他这样一位诗人，一位激励人们的歌手。

鲍狄埃是一位英勇的战士。他始终不惜牺牲，站在斗争的最前列，直到战斗的最后一刻。可是这位起义者、街垒战士却在获得宣传家的荣誉之前逝世了。

鲍狄埃的诗歌像无数支利箭，把屠杀劳动人民的刽子手永远钉在耻辱柱上。与此同时，他的天才主要表现在用丰富的韵律阐述了社会科学理论。

他不仅是一位复仇者，而且还是一位导师。

阶级斗争把觉悟的无产者组织起来，剥夺资本家、建立公有制是我们的目的和手段，同时也是鲍狄埃作品的基础。他的作品将同席卷当代世界共产主义运动一起受到赞扬。

许多诗人在自己的作品中写过创造世界财富的劳动者的苦难。在这方面鲍狄埃比他们做得更多：他不仅自己投身解放运动，而且还在自己不朽的诗作中为这一解放运动指出唯一能够取得胜利的方向。

《社会主义者》报向在生命的最后日子里还为本报撰稿的这位伟大的逝者、我们工人党的图尔太欧斯致敬！

《社会问题》杂志的创始者阿尔吉里亚德斯，是鲍狄埃的莫逆之交。鲍狄埃去世后，阿尔吉里亚德斯将自己对鲍狄埃的怀念与哀思化为文章，写作了一本回忆鲍狄埃生平的小册子。他还尽一切努力向人们宣传鲍狄埃，每当有人到他家做客时，他便拿出鲍狄埃的《革命诗集》与客人分享。平日里，他总是来到鲍狄埃的墓前，默默地献上一束花，跟自己的好友待上一会儿。

对于阿尔吉里亚德斯所做的一切，鲍狄埃的妻女深受感动。鲍狄埃的妻子卡洛琳娜·鲍狄埃给阿尔吉里亚德斯去信道：

我简直无法向您表达，正像您所说的，您那本亲切的小书给我们母女带来了多大的幸福。整个的评价非常出色。正像您所说的，作为这样伟大的人物、高贵的心灵的伴侣，我感到骄傲。同时，我也为他能有这样好的朋友们而感到幸福。感谢您的诚挚的友情，感谢您对死者所作的细致而真实的评介。

其实，卡洛琳娜也是值得赞扬的一位贤内助。在鲍狄埃最艰难的七八十年代，卡洛琳娜都默默地站在鲍狄埃身边，支持鲍狄埃的事业。在鲍狄埃身体不好的那些日子里，卡洛琳娜都细致地照顾着鲍狄埃，陪同他参加一切活动。鲍狄埃非常感激妻子为他做的一切，他称她为“忠实而可靠的支柱”。他曾深情地向妻子表白：“当命运是那样残酷无情，我的爱却是那样充满柔情……”

人生得一知己足矣！鲍狄埃逝世后，卡洛琳娜的生活依然贫困，但是她时时不忘自己丈夫的遗愿。这封给阿尔吉里亚德斯的信中，她说道：我这里还有大量未出版的诗稿。我希望它们能在不久的将来问世……

这封信还说，如同他的朋友拉法格、盖德和其他人所说的：“去世后的鲍狄埃将比在世时的鲍狄埃名声更大。”

“去世后的鲍狄埃将比在世时的鲍狄埃名声更大！”事实正是如此。鲍狄埃去世后，人们用各种各样的形式表达对鲍狄埃遗志的继承，对鲍狄埃精神的发扬。

鲍狄埃逝世后不久，巴黎人民自发组织了一个小组，叫“鲍狄埃小组”。小组表达了人民继承鲍狄埃遗志继续战斗的决心。

鲍狄埃的诗歌，是他留给世人的一笔巨大的精神财富。他逝世后，这些诗歌得到广泛的流传，影响也与日俱增。《起义者》《烤火吧，这是你自己的木柴》等诗歌，在《社会主义者》报重新发表，成为当时革命者精神的寄托，前进的动力。

1888 年 11 月 4 日，在鲍狄埃去世一周年之际，鲍狄埃的家属、老战友和上千群众在他的墓前举行了周年祭。大家团聚在老战友的墓前，不少人还发表了热情洋溢的讲话。

鲍狄埃的诗也得以流传其他国家。最早把鲍狄埃的诗歌翻译成其他国家语言的是马克思的二女儿，拉法格的妻子劳拉·拉法格。劳拉·拉法格很喜欢鲍狄埃的诗歌，也曾在鲍狄埃弥留之际，承诺翻译鲍狄埃诗歌，让诗歌流传海外。1889 年，劳拉·拉法格给恩格斯写信，高度赞扬鲍狄埃。信中说：鲍狄埃的诗歌是值得他们这一代法国人赞扬的优秀的甚至是唯一的革命诗歌。自此以后，世界上越来越多人开始翻译鲍狄埃的诗歌，影响逐渐扩大。

鲍狄埃去世后不久，他的战友发起组织了一个委员会，为他筹建墓碑。纵使大家信心坚定，但筹建墓碑的工作却持续多年。这足以证明，在当时的环境中，无产阶级与资产阶级的对峙是多么严重。

在鲍狄埃去世后的二十一年，他的墓碑终于落成。1908 年 5 月 24 日，时值巴黎公社三十七周年的纪念日，鲍狄埃墓碑的落成仪式在拉雪兹神父墓地隆重举行。一万多名群众参加了墓碑落成仪式。

鲍狄埃的墓碑，由鲍狄埃的战友、公社委员、建筑工程师阿尔诺德设计。墓碑简朴庄重，怡然坚毅，就如同他清贫战斗的一生。墓碑两旁种着两株“亚高山长阶花”灌木，郁郁葱葱，就如鲍狄埃不息的生命力。灌木簇拥着一块白色花岗岩石，正面镌刻着“欧仁·鲍狄埃 1816 - 1887”。花岗岩石上雕刻着一本翻开的大书。书的左边一页刻着“纪念欧仁·鲍狄埃/巴黎公社委员/1816 - 1871 - 1887/鲍狄埃的友人和敬仰者立/1905”，右边一页刻着鲍狄埃在不同时期的六首代表诗作——《起义者》《贫苦的让》《蜘蛛网》《面包的话》《地球的死亡》《国际歌》，书下端衬托着一支青铜橡树枝叶。

质朴无华的鲍狄埃墓

“有的人活着，他已经死了；有的人死了，他还活着。”臧克家用以纪念伟大革命家鲁迅的诗歌，放在千百万革命志士的身上也不为过。鲍狄埃更是如此。鲍狄埃虽然离去了，但他大无畏的革命精神，他的诗歌，将鼓舞无数革命人士勇往直前。

第八章

照遍全球

沸腾的旋律

列宁在纪念鲍狄埃的《欧仁·鲍狄埃》一文中，对《国际歌》的影响有过一番非常到位的评价：

一个有觉悟的工人，不管他来到哪个国家，不管他怎样感到自己是异邦人，言语不通，举目无亲，远离祖国，——他都可以凭《国际歌》熟悉的曲调，给自己找到同志和朋友。

《国际歌》深刻地表达了国际无产阶级和各国劳动人民的思想、情绪、愿望和要求。因为高唱着《国际歌》，每一个矢志于无产阶级事业的革命者，都可以跨越时空界限，找到自己的战友。《国际歌》以其深厚的内容、鲜明的意旨将一代又一代的劳动者团结在一起。

时至今日，《国际歌》仍然传唱于各国，影响至深。《国际歌》能够有如此深远的影响，除了其内容直达人心外，与其朗朗上口、激昂振奋的曲调也密切相关。为《国际歌》谱曲的是法国工人作曲家彼尔·狄盖特。

1848 年 10 月 8 日，狄盖特出生于比利时西北部根特市的一个法籍纺织工人家庭。狄盖特的父亲是个工人，当过纺织工人和旋工。在比利时，父亲收入微薄，甚至难以养家糊口，于是 1885 年狄盖特一家迁回法国北部的工业中心里尔定居。

狄盖特

回国后，狄盖特一家的境遇并没有太大好转。狄盖特的父亲辛苦工作一天，也就挣两个半法郎，全家十一口人指望着每日两法郎生活，全部买面包都难以让全家人吃饱。在这种情况下，狄盖特不得不辍学。这一年，狄盖特七岁。年幼的他进入了一家纺织工厂，当起了一名穿线工和络纱工。狄盖特小小的身躯，却承受了极大的工作量，每天工作九小时，换来的是一天两个苏的工资。

伟大的人总是相似的。少年时期的鲍狄埃也曾被繁重的工作压得喘不过气来，但他仍然执着于诗歌，每天会抽出时间看书学习。狄盖特也与鲍狄埃一样，他从小对音乐有着强烈的爱好。十二岁后，狄盖特上了工人夜校，开始学习乐谱及各种乐器。十六岁的时候，狄盖特开始去里尔市艺术学校的夜班学习绘画和音乐。

十七岁的狄盖特即将成人，也即将面临失业的风险。纺织行业一般都喜欢雇佣女人和小孩儿，因为妇女小孩儿确实适合纺织这个工作，更重要的是，他们的工资比较低。不久后，狄盖特就被无理解雇了。

失业后的狄盖特一边帮父亲干活儿，学习旋工，一边还坚持在夜校上课学习。功夫不负有心人，十八岁的狄盖特成绩非常优异，获得了里尔艺术学校一等音乐奖。狄盖特开始自创一些歌曲，并且也为一些反映工人生活和斗争的优秀诗歌谱曲。周末的时候，他就去郊区的诗歌酒社为劳动人民演唱。

1871 年春，由于无钱赎免兵役，狄盖特被迫当兵。可以说，狄盖特在辛劳、痛苦中度过了自己的青少年时光。工人家庭出身的他，对于资本主义社会的剥削和压迫深有感触，对于资产阶级是满含憎恨。与千百万群众一样，狄盖特期待着来一次改天换地的大革命。

巴黎公社在人们的呼唤声中终于到来了。狄盖特当时正在服兵役，听闻公社的消息，他很是高兴。但不久以后，梯也尔军队残酷镇压巴黎公社的消息传来，狄盖特一下陷入了低谷。他再也不能忍受为这些残杀公社英雄的国家机器服役了！于是，他和几位觉醒的士兵一道冲向巴黎，去援救遭受血腥屠杀的兄弟们。不幸的是，他和他的兄弟们都被凡尔赛的匪徒逮捕了。狄盖特是多么想和公社的战士们一起为保卫公社而战，但牢狱之灾让他破灭了这个期望。

后来，凡尔赛匪徒将狄盖特送回了里尔。狄盖特继续工人生涯，并且积极投身于工人运动中。

到了 19 世纪末，狄盖特加入法国工人党，坚定地站在了盖德派这边。狄盖特充分发挥自己的优势，在工人运动中做起宣传工作来。他在工人中成立了一个名为“劳动者之声”的合唱团。这个合唱团是法国工人党里尔支部领导下的一个群众组织。合唱团经常举行音乐会，狄盖特在其中扮演了谱写歌曲和指挥的角色。他经常写出一些工人喜爱的歌曲，或者给流传很广的曲调填词。他还经常带着自己的弟弟和妹妹，推着一辆装着他仅有的一架旧风琴的小车，走乡串户，到田间地头和工厂里，为劳动者演唱自己创作的歌曲。演唱中，也有一些人募捐，狄盖特便将这些募捐的钱用来支持罢工，资助失业工人。

1902 年，狄盖特迁居巴黎，继续热心组织工人合唱团，用歌曲这个武器与资产阶级进行斗争。1920 年，古稀之年的狄盖特退出了已经变质的统一社会党，参加了新成立的法国共产党。1928 年，斯大林向已经八十高龄的狄盖特发出邀请，请他作共产国际的荣誉客人访问苏联。莫斯科广场上响起了雄壮的《国际歌》，苏联千百万人民热情地欢迎了这位伟大的音乐家、革命家。狄盖特噙着眼泪，感动地说：“这是我一生最大的荣誉。”

1932 年 9 月 26 日，狄盖特走完了自己光荣的一生。狄盖特的去世，让无数人都感到无比难过。法国共产党把这位工人阶级的音乐家安葬在巴黎的工人区——圣丹尼区。当时巴黎五万多工人都参加了这位革命歌者的葬礼。他们唱着《国际歌》，送别了狄盖特。狄盖特的石墓是用大理石做成的，上面雕刻了镰刀、铁锤和一本展开的书，书上刻着《国际歌》歌谱。

1933年5月21日，圣丹尼人民为了纪念伟大的无产阶级作曲家狄盖特，把该区的梯也尔广场改名为狄盖特广场。反动的力量终将被正义的力量压倒。

1888年6月，那是一个星期六的晚上，狄盖特在为《国际歌》谱曲。“劳动者之家”合唱团在一家咖啡馆里刚刚排练完，里尔地区负责人居斯塔夫·德洛利找到狄盖特，递给他一本鲍狄埃的《革命诗歌集》，建议狄盖特多写些具有社会主义思想的歌曲。狄盖特早就耳闻鲍狄埃大名，但一直苦于没有机会与鲍狄埃见面。他对鲍狄埃的才华、对鲍狄埃的战斗精神十分敬仰和热爱。他拿着《革命诗歌集》，万分激动，回家后如饥似渴地读起诗歌集来。鲍狄埃的每首诗都让狄盖特心潮澎湃，但《国际歌》更激起了他心底最深的感受和由来已久的想法。“起来，饥寒交迫的奴隶……”诗歌开篇就道出了狄盖特的心声。年幼的他辍学，做苦工，被炒鱿鱼，无法逃避的服役……罪恶的旧制度，腐朽的旧社会，卖国求荣的旧国家，鲍狄埃的诉说声声入心。狄盖特似乎看到了冲锋陷阵的公社战士，看到了敌人砍向战士头上的大刀，看到了凡尔赛梯也尔部队狰狞反动的面目。只有起来，只有团结，才能将这黑暗扫尽，才能建立一个真正属于人民的未来。尽管与鲍狄埃素未谋面，但狄盖特与鲍狄埃似乎心灵早已相通，鲍狄埃写出了狄盖特的所思所想，狄盖特奋笔疾书，给鲍狄埃创作的这首伟大的诗作谱上了雄浑、战斗、经典的旋律。

第二天，狄盖特又为《国际歌》的主歌配上了副歌，然后就拿着这个曲谱到工人中去试唱、修改。听取了各方意见，经过了认真细致的修改后，在1888年7月，里尔卖报工人工会组织的一次纪念集会上，狄盖特指挥工人合唱团首次演唱了《国际歌》。《国际歌》雄壮的旋律，深刻的思想内涵，一经演唱便深入人心，引发了广大听众的强烈共鸣。

狄盖特的谱曲就像为《国际歌》插上了翅膀，《国际歌》很快就传播开来，成为了凝聚全世界无产阶级最伟大的精神纽带。

团结起来到明天

列宁这样高度评价《国际歌》的词作者：

鲍狄埃是在贫困中死去的。但是，他在自己的身后留下了一个非人工所能建造的真正的纪念碑。他是一位最伟大的用歌作为工具的宣传家。当他创作他的第一首歌的时候，工人中社会主义者的人数最多不过是以十来计算的。而现在知道欧仁·鲍狄埃这首具有历史意义的歌的，却是千百万无产者……

《国际歌》以其深邃的思想内涵，优美雄壮的旋律，将无产阶级团结起来，为反对世界的不平等、反对压迫和剥削而斗争。

1888 年底，里尔卖报工人工会第一次出版了《国际歌》，印刷了六千份，《国际歌》很快就在法国北部和比利时传播开来。随后不久，《国际歌》在法国南部城市流传开来。1892 年，马赛一家报纸的“五·一”节专号上登载了《国际歌》。同年 10 月 8 日，法国社会主义工人党第十一次代表大会闭幕会上，“劳动者之声”合唱团演唱了《国际歌》。这是国际歌第一次在党的大会上正式演出。

《国际歌》抗争的内容让工人阶级喜爱，让资产阶级胆怯。不能再让这样的歌曲流传开来，否则自身不保。于是，这些资本家们千方百计阻扰《国际歌》的传播。1894 年，法国工人党北部的一个叫戈塞林的老师再版了《国际歌》，当地政府便以“煽动士兵叛乱”的罪名，让这个老师锒铛入狱。邪不压正，就在当权者以高压手段示威的同时，人民群众也表示了自己不畏强暴的决心和勇气。同年 9 月，法国工人党在南特召开第十二次代表大会，决议声援戈塞林。随后，工人党举行了集会。集会上，工人群众高唱《国际歌》，让统治者更加胆战心惊。

《国际歌》就如一支战歌，鼓励着广大群众同资产阶级作斗争，和旧社会旧制度作斗争。

1896 年 7 月，法国社会主义工人党在里尔举行第十四次全国代表大会。当时第二国际派出了德国社会民主党领导人卡尔·李卜克内西等著名革命家来参加这次大会。如此强大的阵容，让法国当权者非常恐慌，于是他们千方百计破坏大会。在当时欢迎外国代表团的集会上，资产阶级雇佣了一伙儿人怪声怪气地唱起了《马赛曲》，想扰乱会场。与会代表非常气愤，于是齐声高唱《国际歌》，回击这些小丑们。代表们一遍又一遍高唱《国际歌》，声音越来越洪亮，气势如虹，那些唱《马赛曲》的小丑们终究抵不过群众的力量，最后灰溜溜地退出了会场。

卡尔·李卜克内西

《国际歌》对《马赛曲》，貌似“赛歌”，实际上象征了无产阶级力量和资产阶级力量的对抗。任何妄图反对人民，阻扰进步的行动，终究都会败下阵来。《国际歌》昭示的革命精神，必将越燃越旺，来到世界的每一个地方，为反迫害、反压迫的人民，送来重要的精神鼓舞。

伟大的艺术作品之所以伟大，是因为它能打破地域，穿越时空，凝聚着永世的价值与意义。《国际歌》就是这样一件伟大的艺术作品。《马赛曲》败下阵来，与会人员将《国际歌》带了回去。他们在巴黎，在里昂，在格勒诺布尔，一遍又一遍地唱着《国际歌》，为生活在苦闷之中的自己增添信心和勇气，憧憬着即将到来的美好未来。来自其他国度的代表们，则把《国际歌》带回自己的国家，带到了柏林、维也纳、伦敦……给这些国度爱好平等、反对压迫剥削的人们带来精神的福音、战斗的享受。

1899 年底，法国社会主义组织的第一次全国代表大会在巴黎雅比体育馆召开。这次会议充满了紧张。会上，“盖德派”尖锐地批评了机会主义分子到反动政府中任职的投机行为，还带头唱响了《国际歌》。“我们要夺回劳动果实……趁热打铁才能成功……”这些歌词正好体现了“盖德派”毫不妥协的斗争主张，向机会主义分子提出了最严厉的批判。

1900 年，第二国际巴黎大会召开。伟大的法国人民毫不吝啬地向与会代表献唱了这首伟大的歌曲。大会闭幕式上，一名法国代表走上讲台，高声唱起了《国际歌》。歌声立刻感染了在场的每一个人，其他代表也跟着唱了起来。台上台下，歌声洪亮，掌声雷动。

从 1890 年开始，到 1907 年，《国际歌》先后被译成西班牙文、挪威文、英文、意大利文、俄文、德文、瑞典文、匈牙利文、丹麦文、芬兰文，等等。伴随着《国际歌》歌词走向其他国度，狄盖特的曲谱也迈出了国门，走向了欧洲。每当五一国际劳动节之际，欧洲的各大城市街头巷尾，工人游行示威，总会高唱《国际歌》，显示出工人阶级斗争的坚决信心。

1910 年，第二国际在丹麦首都哥本哈根召开代表大会。这时候的《国际

第二国际巴黎大会召开

歌》已经家喻户晓，非常著名了。各国代表都非常熟悉和热爱这首伟大的战歌。这次大会就是在代表们高唱《国际歌》的旋律中开始的，并以高唱《国际歌》结束。伟大的无产阶级革命导师列宁也参加了这次会议。当《国际歌》的声音响起之时，列宁心涌澎湃，思绪万千。在他眼中，《国际歌》就是鼓舞人心的战斗武器。只要人民团结起来，革命的火种一定会点燃世界的每个国家，每个角落！

捍卫《国际歌》

《国际歌》是列宁最喜爱的歌曲。在他的指导下，《国际歌》这个战斗利器在俄国发挥了很大的作用。

1900年，列宁着手创办布尔什维克的《火星报》，希望以《火星报》为主要阵地，反对当时的修正主义，并为成立俄国的布尔什维克政党做舆论准备。年底，经过努力，《火星报》终于面世了。在《火星报》的创刊号上，列宁发表了一篇社论——《我们运动的迫切任务》。社论对当时伯恩施坦修正主义做出了公正、严厉的批判，并且号召俄国无产者“举起筋肉条条的拳头”，去砸碎沙皇专制的枷锁。当时《国际歌》还没有被翻译为俄文，但列宁仍然在这篇社论中援引了《国际歌》四句原文诗句：

爱德华·伯恩施坦

这是最后的斗争，
团结起来，到明天，
英特纳雄耐尔，
就一定要实现。

在社论的脚注部分，列宁将这四句诗翻译了过来。列宁借《国际歌》号召大家团结起来去奋斗：

让我们在红旗下，在无产阶级的战歌声中，团结起来，去工作，去战斗……

1902 年，俄国矿工技师阿·科茨把《国际歌》翻译成俄文，并刊登在日内瓦出版的《生活》杂志上。这样，《国际歌》不再只为俄国知识精英所识，普通工人群众也开始传唱《国际歌》。

列宁常常在文章中引用《国际歌》。1905 年 9 月，列宁作了《由防御到进攻》的战斗檄文，又一次引用了《国际歌》中的俄文歌词，号召俄国工人阶级“以领导者的姿态参加最后的决战”。列宁的号召被工人阶级付诸实践了。是年 12 月，波将金装甲舰上的水兵举义。水兵高唱《国际歌》，举行了英勇的起义。1910 年 10 月，列宁撰文《革命的教训》，总结 1905 年革命的教训。在列宁眼中，《国际歌》歌词的第一条就应该是 1905 年革命最重要的教训。他说，俄国革命证实了工人国际歌中的一段歌词：

从来就没有什么救世主，
也不靠神仙皇帝。

要创造人类的幸福，
全靠我们自己。

1912 年，俄国无产阶级举行了轰轰烈烈的五月罢工，罢工引发了游行示威，这标志着俄国进入了革命高涨时期。5 月 5 日，布尔什维克党创办了《真理报》。根据列宁的指示，斯大林在《真理报》的创刊号上全文登载了《国际歌》歌词。

任何时期，任何政党都存在党内的分歧和斗争。第二国际中，机会主义始终存在，到了 20 世纪初表现更为明显。列宁在这个时期与机会主义者做了坚决的斗争，他写了很多文章，批判机会主义者的错误。1913 年 1 月 3 日，列宁在鲍狄埃逝世二十五周年之际，写了著名的纪念文章——《欧仁·鲍狄埃》。这篇文章除了纪念鲍狄埃作出的巨大贡献外，也为澄清机会主义者的谬误费了较大篇幅。在这篇文章中，列宁高度赞扬了鲍狄埃这位“最伟大的用歌作工具的宣传家”，并对鲍狄埃的毕生贡献作了公允、客观的评价，鼓励人们深刻理解《国际歌》的精神实质，高唱《国际歌》，投入新的革命风暴中。

尽管公社失败了，“但是鲍狄埃的《国际歌》却把它的思想传遍了全世界，在今天公社比任何时候都更有活力”。“世界各国的工人相继歌唱自己的先进战士、无产者诗人的这首歌，并且使这首歌成了全世界无产阶级的歌。”在同年发表的另一篇文章——《德国工人合唱团》中，列宁又一次高度评价了《国际歌》：

任何警察的无端寻衅，都不能阻止在世界各大城市、在所有的工厂区，而且越来越多地在雇农们的茅舍里，传出歌唱人类不久即将从雇佣奴役下解放出来的友谊的无产阶级的歌声。

1917 年 3 月 10 日，列宁指示《真理报》号召人人学唱《国际歌》。登在《真理报》上的号召说：

在前线，在战壕中，在俄罗斯部队和敌人作战的所有地方，都应该将红旗高举。《国际歌》与红旗有同样的意义。这支歌登在《真理报》第一期上，欧洲的工人唱着这支歌。我们在无产阶级的各种游行集会上也应该唱。这支歌的曲调对各国工人都是亲切的。

十月革命前夕，列宁来到布尔什维克党的彼得格勒委员会所在地克舍辛斯卡亚宫，批评党内一些人只会唱《马赛曲》，不会唱《国际歌》。

1917 年 11 月 7 日，在列宁的领导下，伟大的十月革命爆发了。在阿芙乐尔号巡洋舰的隆隆炮声中，彼得堡的工人和士兵高唱着《国际歌》，一举攻占了冬宫。十月革命开启了人类历史的新纪元，开启了无产阶级革命和无产阶级专政的新纪元。革命胜利后，第一届苏维埃政府将《国际歌》暂代苏联国歌。随着十月社会主义革命在世界影响的扩大，《国际歌》也在世界范围内进一步传播开来。

1917 年 11 月 7 日，俄国十月革命全面爆发。

《国际歌》在中国

“国际悲歌歌一曲，狂飙为我从天落。”1930 年毛泽东带兵攻打南昌、长

20 世纪 30 年代的毛泽东

沙，途中留下了一首名为《蝶恋花·从汀州向长沙》的词。这是这首词的最后两句。正如毛泽东所理解的，气势磅礴的国际歌，与波澜壮阔的中国革命相得益彰。“起来，全世界受苦的人！起来，饥饿的囚徒们！这是最后的爆发！”无数革命志士唱着这首歌，投入革命，从战场走向刑场，慷慨就义，义无反顾。“满腔的热血已经沸腾，要为真理而斗争！……这是最后的斗争，团结起来到明天，英特纳雄耐尔就一定要实现！”无数共产党人唱着这首歌，从敌人的屠刀下爬起来，掀起武装斗争的狂涛巨浪，走过万里征途，点起抗日烽火，打倒蒋家王朝，在重重苦难中迎来了“一场雄鸡天下白”的黎明与辉煌。

感谢十月革命，给中国送来了明灯——马克思主义，也给中国送来了跨越国界、跨越民族的无产阶级战歌——《国际歌》。20 世纪初，中国大地，激情澎湃，各种思潮刀剑交锋，你方唱罢我登场，不绝于缕。刊物承载了这些思潮的传播。在当时的众多刊物之中，你或许不难找到《国际歌》的中文版，但大多是有志之士佚名的翻译。《国际歌》最早有署名的中文版应该是 1920 年著名翻译家郑振铎和好友耿济之翻译的。1920 年 7、8 月间的一天，当时还是北京铁路管理学校学生的郑振铎和好友耿济之，通过一个偶然的机会，得到了一本俄文版的题为《赤色的诗歌》的诗集。这是一本令人心血澎湃的诗歌集。两位青年欣喜万分地一口气读完了这本诗集。一首首充满激情的革命诗歌，打动了这两位青年的心。于是他俩合计，把这本诗集翻译出来，让中国群众都知道这些伟大的诗篇。他俩采用分工合作的方法，耿济之先把诗歌大意口译出来，再由郑振铎记下来。两个热血澎湃的年轻人，一直忙到深夜，译出了第一首《第三国际党的颂歌》。第二年的 9 月，这首诗的译文发表在《小说月报》第 12 卷号外《俄国文学研究》专刊上。这首诗与后来在中国流行的《国际歌》中文歌词有很多相似的地方：

郑振铎

耿济之

起来吧，被咒骂跟着的，全世界的恶人与奴隶。
我们被扰乱的理性将要沸腾了！
预备着去打死战吧！
我们破坏了全世界的强权，连根的把他破坏了。
我们将看见新的世界了！
只要他是什么都没有的人，他就是完全的人。
这是最末次的，最坚决的战争！
人类都将同着第三国际党，一块儿奋起！
谁都不给我们救助，也不是上帝，也不是帝王，也不是英雄！
我们就用自己原来的手，达到赦免的地位。
因为要用勇敢的手，推翻担负，
因为要打死自己的善，吹起笳来，
勇勇敢敢的打铁，在铁还红热的时候！
这是最末次的，最坚决的战争！
人类都将同着第三国际党，一块儿奋起！
我们不过是，全世界大劳动军队里的工人。
用公理的名，管理土地，永没有失败的时候！

如果很大的雷声，在猎狗和刽子手的绳上响起来，
那么，太阳对于我们总是一样的。
我们还能用我们自己的光的火焰来照耀的。
这是最末次的，最坚决的战争！
人类都将同着第三国际党，一块儿奋起！

瞿秋白

非常可惜的是，这首诗歌没有附曲。直到1923年6月15日，中国共产党早期领导人——瞿秋白最早译配并唱响了《国际歌》。瞿秋白对《国际歌》可谓也是偶然得之。1920年11月，赴苏联考察十月革命的瞿秋白，途中滞留哈尔滨。11月7日，瞿秋白应邀参加哈尔滨工党联合会庆祝十月革命三周年纪念大会。开会伊始，在主持人号召下，全场起立，高唱《国际歌》。第一次听到《国际歌》的瞿秋白十分激动，被这雄壮的旋律震撼。到了苏联后，瞿秋白在很多公开场合都能听到苏联人民高唱《国际歌》。1923年，瞿秋白从苏联回到国内，担任中国共产党机关刊物《新青年》的主编，同时也开始着手翻译《国际歌》。当时瞿秋白住在北京堂兄家里，他常常坐在一架风琴前，一边谈风琴，一边反复吟唱译词，反复修改，直到顺口为止。

当时法文“internationale”（原意为“国际”，在歌词中指“国际共产主义的理想”）这个词的翻译，让瞿秋白费了好大一番功夫。如果按照其意思，翻译为“国际”吧，只有两个字儿，但这儿却有八拍音节，怎么都难对上啊。经过反复琢磨，瞿秋白灵机一动，将“international”音译为“英特纳雄耐尔”，这样不难对上节拍，又容易记。而这样的译法至今仍然流唱。瞿秋白翻译的《国际歌》如下：

起来，受人污辱咒骂的！

起来，天下饥寒的奴隶！
满腔热血沸腾，拼死一战决矣。
旧社会破坏得彻底，新社会创造得光华。
莫道我们一钱不值，从今要普有天下。
这是我们的最后决死争，同英特纳雄耐尔人类方重兴！
这是我们的最后决死争，同英特纳雄耐尔人类方重兴！
不论是英雄，不论是天皇老帝，
谁也解放不得我们，只靠我们自己。
要扫尽万重的压迫，争取自己的权利。
趁这洪炉火热，正好发愤锤砺。
这是我们的最后决死争，同英特纳雄耐尔人类方重兴！
这是我们的最后决死争，同英特纳雄耐尔人类方重兴！
只有伟大的劳动军，只有我世界的劳工，
有这权利享用大地；容得寄生虫！
霹雳声巨雷忽震，残暴贼灭迹销声。
看！光华万丈，照耀我红日一轮。
这是我们的最后决死争，同英特纳雄耐尔人类方重兴！
这是我们的最后决死争，同英特纳雄耐尔人类方重兴！

可以看出，这首诗与现在我们所唱的《国际歌》有很大的不同，但是基本的含义还是保留下来了。瞿秋白为《国际歌》的配译做了铺垫工作，萧三、陈乔年完成了最终的配译。1923 年，萧三从俄文版转译、陈乔年配歌的《国际歌》，传唱至今。1924 年，莫斯科东方大学校园里，响起了中文版《国际歌》的歌声。萧三后来回忆道："记得那时我们译一句词，配一句谱，积累而成三段正歌与副歌的整个译词，由当时在莫斯科东方劳动者大学中国班的同志练习唱会了。"不久，当年在东方大学校园里的几位青年回国，带回了这首萧三和陈乔年合译的《国际歌》。《工人读本》和《工人之路》首先登载了这首《国际歌》。随后，神州大地传开了这首振奋人心的歌曲。

这里，我们必须得向萧三和陈乔年致敬。萧三原名萧子暲，湖南湘乡县人，是我国现代著名的诗人、翻译家，也是中国共产党早期的领导者。萧三

萧三

与毛泽东曾同在东山小学学习，之后萧三考入湖南省立第一师范学校，毛泽东后来也入一师学习。俩人都爱好写诗，性格相近，用毛泽东的话来说，“情投意合”。他和哥哥萧子升、毛泽东、蔡和森一起创办了著名的“新民学会”，开始了革命活动。同学少年，长大后各奔东西，但萧三和毛泽东早年结下的亲密友谊，一直持续到建国后。萧三依据自己与毛泽东交往的经历，写了很多介绍关于青少年毛泽东的传记文章，可以说他是国人中最早为毛泽东写传的人。40年代的时候，萧三在自己以前在苏联所著的《毛泽东传略》的基础上，写成了《毛泽东同志的青少年时代》，由于诸多原因，《毛泽东同志的青少年时代》直到1947年8月才由北京人民出版社付诸印刷出版。这是国内第一部介绍毛泽东生平的著作。出版后，这本书在国内外都引起了很大的影响，并很快被翻译成英文、德文、日文、法文、捷克文、匈牙利文等版本。当时萧三和中共的一些领导还有个想法，希望在《毛泽东同志的青少年时代》的基础

莫斯科东方大学旧址

上，进一步修改，并加入后来毛泽东的经历，写成一本《毛泽东传》，为毛泽东庆祝五十岁生日。后来因为毛泽东不同意为自己祝寿，所以这本书一直没有出版。可以说，萧三对毛泽东及毛泽东思想的传播有着很大的贡献。

陈乔年是中国共产党创始人陈独秀的次子。与他的父亲一样，陈乔年也是中共早期的一名领导人。大革命失败后，时任江苏省委组织部部长的陈乔年被国民党逮捕，并处死刑。当时陈乔年年仅 26 岁。他的哥哥陈延年，同样殒命于国民党枪口下。陈乔年就义前，难友们替他难过，但他不以为然地对难友们说："让我们的子孙后代享受前人披荆斩棘的幸福吧！"可以说，陈乔年是在用生命去追求《国际歌》所传播的真理，是在用生命去谱写《国际歌》的旋律。陈延年和陈乔年是陈独秀最喜欢的两个孩子。对于蒋介石杀害自己两个儿子，陈独秀永生难忘。抗战时期，陈独秀已经被共产党开除党籍，蒋介石趁机向陈独秀抛出橄榄枝，希望陈独秀出来帮他做事，利用陈独秀的影响，也可以为国民党做宣传。这时候的陈独秀贫病交加，生活很凄凉，面对蒋介石的诱惑，他断然谢绝。陈独秀自己也表示，丧子之痛让他与蒋介石不共戴天，只是现在是抗战时期，不予追究蒋介石杀子之仇，共同抗战才是重点。从这点看来，陈独秀的高风亮节令人高山仰止，国恨面前，再大的家仇都置于一边。就这样，即便生活凄寒，陈独秀始终不为五斗米折腰，带着对两位爱子的思念，走完了自己悲怆的一生。

陈独秀

可以说，近代中国，共产党的最大使命与《国际歌》彰显的精神和原则是不谋而合的。近代中国是一个半殖民地半封建性质的社会，对外面临着强敌的觊觎，对内面对着封建势力的横行霸道与为所欲为。这就决定了近代中国最根本的革命任务是推翻帝国主义和封建势力。中国共产党就是以领导人民推翻帝国主义和封建军阀的压迫，使中华民族来一个翻天覆地的大翻身为自己的重要使命，希望通过自己和全中国人民的共同奋斗，使中华民族能够真正地站起来。"中国人民站起来了"与"奴隶们起来，起来"关联甚密。

陈乔年

《国际歌》表达的是一种革命的诉求，是千百年来饱受不平等压迫和剥削的劳动人民冲破旧枷锁建立新世界意愿的表达。这样的思想内涵显然契合了中国共产党人推翻旧世界建造新社会的革命诉求。《国际歌》还是一首充满科学真理的歌曲，满篇用最浅显的语言、最直白的语言，表达了马克思主义的基本原理。人民创造历史，用革命的武器推翻旧制度建立无产阶级专政……这些都是《国际歌》表达出来的马克思主义的基本观点。对此，毛泽东就指出，《国际歌》全部是马克思主义的立场和观点。所以《国际歌》一来到中国，就立刻传播开来，成为中国人民，尤其是以马克思主义为指导的中国共产党最有力的战歌。

毛泽东非常重视《国际歌》。在很多场合，他曾亲自领唱《国际歌》。井冈山时期，当很多人质疑中国革命红旗到底能打多久的时候，毛泽东就要求唱《国际歌》，教给这些人无产阶级革命的真理，用气势豪迈的《国际歌》给这些人带来信心和力量。每次前敌委员会开会，毛泽东就带领大家唱《国际歌》。教导会办训练班，也要教学员唱《国际歌》。部队“三操两讲”（指三次操练和两次政治军事讲授）前后，早晚点名，都要唱《国际歌》。当时从上到下，无论官儿有多大，都满怀热情地高唱《国际歌》。朱德随身携带的小本子上，就工工整整地抄写着《国际歌》歌词。在井冈山土改的时候，毛泽东还亲自教当地的农民唱《国际歌》，给他们细致地解释《国际歌》的含义。“星星之火，可以燎原！”《国际歌》传达的就是这样的一种理念，无产阶级是可以自己解救自己的，不管敌人力量多么强大，只要团结在一起，只要坚持革命，革命的红旗就必然会插满神州大地。正义的事业必然会取得胜利！

1931年，中华苏维埃共和国在江西瑞金成立。苏维埃共和国将瞿秋白译配的《国际歌》定为国歌。令人遗憾的是，当《国际歌》唱响革命根据地的时候，瞿秋白——这位为《国际歌》在中国的传播作出过巨大贡献的革命者，却不幸遇难了。1935 年 2 月，正值当年的瞿秋白被国民党逮捕并决定执行枪决。在敌人的押解下，心中揣着无限正义的瞿秋白，昂首挺胸，视死如归，高唱着自己翻译的《国际歌》走向刑场。“英特纳雄耐尔，一定要实现!”瞿秋白的歌声，唱出了白色恐怖下为理想前赴后继的共产党人的心声。毛泽东在为《瞿秋白文集》题词时，高度赞扬瞿秋白：

在革命困难的年月里坚持了英雄的立场，宁愿向刽子手的屠刀走去，不愿屈服。他的这种为人民工作的精神，这种临难不屈的意志和他在文字中保存下来的思想，将永远活着，不会死去。

瞿秋白用他对无产阶级事业无限的忠诚，用他生命和鲜血的奉献，演绎了《国际歌》最本质的精髓。

十年土地革命斗争的胜利是军事的胜利，也是思想的胜利，是马克思主义与中国革命实际相结合的产物。作为苏维埃共和国的国歌，《国际歌》为根据地人民展现了一幅美好的画卷。这是中国革命的愿景，也是中国共产党的愿景，更是全中国人民的愿景。《国际歌》传播了马克思主义的真理，讲述了革命人崇高的理想，升华了革命人坚定的信念，唤醒了广大根据地群众的革命觉悟。中国共产党人高唱着《国际歌》，带领着人民，克服了一个又一个的困难，取得了一次又一次战役的胜利。《国际歌》这一沸腾的旋律，为中共走向全国的胜利，提供了巨大的精神支持。

当共产党人传唱《国际歌》的时候，国民党人也为这种“英特纳雄耐尔”的情绪所激励。北伐战争中，《国际歌》的旋律经常回荡在国民革命军浩浩荡荡的队伍中。雄伟的调子，鼓舞着这些军人们横扫中原大地上的封建余孽，以秋风扫落叶之势掀起了北伐狂潮。1926 年 3 月 18 日，在巴黎公社成立 55 周年纪念日上，国民革命军印发了《国际歌》的唱本。国民革命军高唱《国际歌》，固然与当时国共合作的形势有关，与军中的共产党人有关，但《国际歌》中的英雄主义情怀、反压迫、反剥削、求正义的基调，应该也是当时国民党人认可的重要因子。2005 年，中国人民抗日战争胜利 60 周年。是年 9 月，在纪念大会上，当年国共两党的抗日志士济济一堂，以《国际歌》为主题曲，共同缅怀那些悲壮英勇的过往岁月。

革命战争年代，《国际歌》一路狂飙，鼓励无数仁人志士前赴后继。建

北伐战争

国后很长一段时间内，东西方阵营对峙、帝修反华严重，不是东风压倒西风，就是西风压倒东风，中国面临着非常严峻的国际形势。而这个时期，《国际歌》又成为凝聚人心的利器。1962 年 4 月 28 日，《人民日报》正式发表《国际歌》中文译词，用激进振奋的歌词号召国人在险恶的国际环境中，战风浪，驱虎豹，把反帝反修斗争进行到底。1966 年，中国开始了一场史无前例的浩劫——“文化大革命”。是年 12 月，《人民日报》又一次登载了《国际歌》歌词，鼓舞时人以大无畏的勇气，狂扫牛鬼神蛇，夺取无产阶级专政的胜利。

历史的发展总是不以人的意志为转移。历史上有多少人揣着自己的私心妄想，逆历史潮流而动，也许会获得一时半会儿的荣耀与得意，但终究敌不过历史发展铁铮铮的规律与轨迹，最终都会被押解至审判架，被历史无情地抛弃。当林彪反革命集团试图借文革以取私利之际、以“红旗”反红旗之际，《国际歌》又一次发挥了其汇聚人心的价值。在林彪反革命集团紧锣密鼓反革命的同时，毛泽东坚定地强调路线，强调真假马克思主义。毛泽东强调“要搞马列主义，不搞修正主义；要团结，不要分裂；要光明正大，不要搞阴谋诡计”，振聋发聩。

以真主义抵制假主义，以正压邪，无疑是一条可取的路径。什么是真主义？《国际歌》所宣扬的理念与立场，无疑是真的马克思主义。1971 年，毛泽东进行了一次著名的南方巡视。其间他的一次谈话指出：

为《国际歌》，列宁在欧仁·鲍狄埃逝世二十五周年时写了一篇文章纪念他。一百年了！《国际歌》歌词和列宁的文章，全部是马克思主义的立场和观点……那里边讲的是，奴隶们起来为真理而斗争，从来就没有什么救世主，也不靠神仙皇帝，全靠自己救自己，是谁创造了人类世界，是我们劳动群众。

毛泽东还号召，对《国际歌》“不仅要唱，还要讲解，还要按照去做”。

当时轰轰烈烈的氛围中，教唱全国人民一首歌，寓教于唱，无疑十分应景，而且也适合当时国人普遍不高深的文化水平。毛泽东于是指示，大家都要学唱《国际歌》，各地报刊纷纷刊登《国际歌》，纷纷介绍鲍狄埃，纷纷展示这个无产阶级战士革命的一生、英勇的一生，号召全国人如这位革命志士般，在狂乱环境中时刻不忘自己无产阶级的本色，与反动势力斗争。于是，神州大地上，歌声嘹亮，《国际歌》那雄浑壮阔的旋律，从烟雾缭绕的工厂中，从整齐肃穆的部队里，从乡间田坎地头上，从朝气蓬勃的学校里，传了出来。歌声背后是人们与林彪反革命集团势不两立情绪的表达。最终，在滚滚历史洪流中，林彪反革命集团被历史车轮无情碾压于底。

《国际歌》是激流勇进年代革命激情的表达，是东西对峙冷战寒流时期正义诉求的象征，更是耄耋老人弥留之际未竟梦想的诉说。我们伟大的人民总理周恩来，对《国际歌》就怀有深刻的感情。在那力挽狂澜的革命年代，周恩来曾多次带领自己的部队高唱《国际歌》，以鼓舞士气。到生命垂危之际，周恩来还特地要人为他播放《国际歌》歌片，用微弱气息跟着轻吟这首自己唱了几十年的歌。他对自己的革命伴侣邓颖超说，共产主义一定能在全世界实现，英特纳雄耐尔一定要实现！瞿秋白在敌人屠刀面前唱响了《国际歌》，周恩来在病床上唱响了《国际歌》，他们用同样的歌声表达了同样的情绪，倾诉了同样的共产主义革命情怀。

时间到了1976年10月，倒行逆施的“四人帮”最终难逃历史规律的惩戒，被无情地抛出了历史舞台。在这一普天同庆的伟大历史时刻，新华社重新发布了《国际歌》等三首革命歌曲，编者按指出：

今天，高唱《国际歌》等歌“将鼓舞全党全军全国各族人民最紧密地在以华国锋同志为首的党中央周围，高举马克思主义、列宁主义、毛泽东思想的伟大红旗，沿着毛主席开辟的革命航道，胜利前进”。

回首那些激情燃烧的革命岁月，《国际歌》穿越了时空的局限，成为热血沸腾的国人理想的寄托、斗志的倾诉，甚至跨越了政党的界限，成为当时国共两党共同心愿的表达。今天，那些反对《国际歌》的人，也许应该重新审视这首歌的价值。歌曲对“解放”、“正义”的宣扬，在任何时代、任何国度，对任何民族、任何政党都弥足珍贵，这些价值、这些声音，可以穿越时空，振奋情绪，甚至可以弥合政见的龃龉、利益的分歧、民族的隔阂。

第九章

鲍狄埃和他的诗

自由万岁

——作者的第一首歌 1830 年 7 月

忠实的人民，你的镣铐已被砸碎，
在你眼前又闪耀着自由的光辉，
啊！在卖国王朝的桎梏下，
你曾切齿咒骂那万恶的政权！
在大屠杀的日子里殉难的勇士，
你们将英名永垂；
请在伟人祠接受我们的礼赞，
自由万岁！自由万岁！

我看见了那三色旗，
这保卫祖国的大旗；
它光荣地飘扬在城头，
是我们幸福的标记；
它的代价是勇气和鲜血；

它标志着我们的胜利。
目睹自己的丰功伟绩，
法国人同声高呼：
自由万岁！自由万岁！

背信弃义的君主专横昏庸，
我们对他的暴戾统治恨入骨髓；
而今自由重又带来希望，
啊！我们无限喜悦，无限欣慰。
战斗中我们再三高呼：
宪章永存！正义万岁！
新的一天，预示我们的未来灿烂光辉；
自由万岁！自由万岁！

反正是一个样

昨天和今天相仿，
明天也还是一样，
支配着我们的
总是那烦恼忧伤。
酒，总还是酒，
蓓蕾，总要开放成玫瑰；
唱完正歌唱叠句，
啊！反正是一个样。

我想摆脱爱情，
从少年时我就受它哄骗，
它曾多少次诱我说出“我爱你”
这个美妙的字眼；
受它的束缚，
自己也觉得可笑，
嘘！别说啦，当然，

如果女孩子对我微笑，
啊！反正会一个样。

最可怕的灾难，
威胁着惊惶的法兰西，
为了使她不得安宁，
沙皇正下令军队结集。
既然人总有一死，
何必去计较死因，
死于炮弹或死于霍乱，
啊！反正是一个样。

部长们，你们都如此健忘，
忘了人民和他们的街垒！
然而那三天的斗争，
愤怒的人民
教你们不敢再耀武扬威。
你们妄图剥夺我们的自由，
趁她正在安睡，
当心弄醒了她，
因为反正会一个样。

法兰西每况愈下，
我们本想挽救她，
无奈我们的公鸡不好斗，
看见外国人结盟就害怕；
人家肆无忌惮地将我们砍杀，
如果我们抗议，
他们更变本加厉；
朋友们！别再更换国王啦，
因为反正是一个样。

人 民

天下着濛濛细雨，
像是给巴黎披上冰凉的外衣。
脚踏泥泞，
面对枪林，
几支旧枪作武器，
任凭饥肠辘辘，
不顾唇焦舌燥，
二月里，正如七月间，
这战斗的巨人又挺身而起。
他迎着整营炮火袒露胸膛，
在巷战中撕碎仅有的破衣，
难道是为了几枚金币？
难道他想让自己冻僵的身体，
住进那高贵的官邸？
难道战斗已使他四肢疲惫，
想躺在那华丽的床上休息？
不！流血决不是为了金币；
他要的是面包和权利！
受贫困和饥饿折磨的孩子们，
需要面包充饥！
而他，要有把自己的命运
放在天平上衡量的权利。
他希望在法兰西的土地上，
总有一天人人都成为公民！
他渴望这些权利，
即使用生命去换取也在所不惜。
在暴君的宫殿上，
他用瘦削的手，
刻下了这样的字迹：

不自由，毋宁死。

该拆掉的老房子

——给公社委员卡梅利纳

这是一幢华丽的楼房，
看热闹的人对它大加赞扬，
但是它早已外强中干。
墙壁裂缝，地基下陷，
尽力支撑也是枉然。
这幢房子腐朽了，快垮了，
拆掉它，是时候了！

一楼住着一个银行老板，
他开办工厂和经营地产，
靠榨取获得全部利润。
他高利盘剥的金砖，
一直堆到了天花板。
这幢房子腐朽了，快垮了，
拆掉它，是时候了！

二楼住着一个投机商，
他看冰雹成灾，有机可乘。
卡住农民脖子，低价购粮。
粮食堆得把墙壁都快挤坏，
他却等着闹饥荒才肯出卖。
这幢房子腐朽了，快垮了，
拆掉它，是时候了！

三楼住着一个妖艳的女人，
贪财的眼睛招引一帮闲汉，
花天酒地，搅得乌烟瘴气。

夜里唱歌跳舞闹个不停，
震得楼上楼下不得安宁。
这幢房子腐朽了，快垮了，
拆掉它，是时候了！

四楼还住着一个胖财主，
他生来的职业就是收租，
整天吃吃喝喝，保养身体。
这位有福的公民不交税，不纳捐，
悠闲自在，只消费，不生产。
这幢房子腐朽了，快垮了，
拆掉它，是时候了！

还有一家挤在一间顶楼里，
全家饥寒交迫，冻得发抖，
父亲已经进了济贫院。
死亡跟着外面的北风，
从瓦缝悄悄地溜进房间……
这幢房子腐朽了，快垮了，
拆掉它，是时候了！

底层还有一间营房，
驻扎着可怜虫似的卫兵，
他们打着哈欠站岗。
日日夜夜在那里守卫，
也保护不了吸血鬼……
这幢房子腐朽了，快垮了，
拆掉它，是时候了！

高山

——赠给小古彼尔

小主人，你诚实又富于幻想，

正从小学生成长为男子汉。
是否还记得，有一个星期日，
我们曾攀登那云梯般的巉岩？
在假日春天的野外，你像只小鸟：
我吃力地爬，你雀跃着登攀。
对于你，学习是又一座高山！
年轻朋友，愉快地登攀吧，登攀！

登山路上到处是锋利的石块，
还有荆棘那干硬刺人的指尖。
科学征途则布满另一种荆棘：
拉丁诗、希腊文翻译、方程式演算。
每跨一步都要付出极大的努力，
但是，你看那峰顶多么灿烂！
勇敢的人不能中途止步不前，
年轻朋友，登攀吧，继续登攀！

那天在崎岖不平的登山小道边，
你高高攀在落叶松的枝叶间，
你对我说：在这里呼吸多舒坦！
精神要自由呼吸，也须不断攀缘，
远离那谬误横行的深深的峡谷；
要获得真理必须向高处冲锋作战；
真理是哺育人类思想的伟大空气，
年轻朋友，登攀吧，更高地登攀！

看啊，这些拱门一样的高大树干，
这些粗犷的雕刻家凿成的巨岩，
飞泄的瀑布把它水晶般的长发
披散在一块光滑的青石上面。
我们怀着求知的渴望祝福清泉，
愿这潺潺的细流汇合成大川。
为能去智慧的泉边开怀畅饮，

年轻朋友，登攀吧，不断登攀！

当你登上高高的山顶极目四望，
空间和太阳的壮丽使你神往目眩。
河流，森林，天际，宛如在梦中，
仙国啊，你可有如此伟大的场面？
人类在无止境的探索中不断成长，
科学正恭候它登上自己的顶点，
登高眺远，世界将一览无余，
年轻朋友，登攀吧，直到山巅！

被冻结的言论

断断续续，
话刚出口，
就被严寒冻结；
再也没有集会，
即使用方言。
到处飘着雪片似的无声的语言。

啊！当言论一旦解冻，
我们将听到语言的狂澜！
啊！当言论一旦解冻，
将使我们震耳欲聋！

可怕的严寒
像一把冰钳，
钳住金丝雀的嘴。
酷寒的冬天，
用团团冰块，
堵住我们的歌喉。

不管是小册子还是巨著，

齐把板窗紧锁，
史籍更冷难以生活。
而冰霜却稳坐在自己的殿堂，
把御笔交给奴才们执掌。

人人都在叹息，
这一点谁都明了；
何必徒费口舌？
只要微微一笑，
交换一个眼色，
一切心照不宣。

纵使诉苦埋怨，
谁能听见？
天寒地冻，
石头都被冻裂。
究竟还要等多少年月？
手指冻麻，
头脑冻僵，
气息奄奄欲绝。

多少事实证明了
我们的苦难！
寡妇们的呼声，
像警钟，
将连声高喊：
捉住杀人犯！

从四面八方，
从穷乡僻壤，
从流放地、监狱和茅草房，
各种方言，
像解冻的厚冰，

即将融汇成法语的巨澜！

自卫吧，巴黎

——赠给小古彼尔给公社委员乌尔本

你可曾听见敌人的步伐？
巴黎，多么沉痛的惩罚！
在你的小丘上已经看见
德国军队前哨的硝烟。
这就是第二帝国造成的恶果：
节节溃败，手忙脚乱。
但是，你能阻止敌人进犯！
自卫吧，巴黎，自卫吧！

他们为了追求自己的私利，
竟让国家一天之内威望扫地，
这就是强盗们的统治
使法兰西落到这步境地。
你将会重建英雄的事业，
不会像无耻之徒一样：
屈膝投降，放下武器。
自卫吧，巴黎，自卫吧！

敌人要攻进城来，那是妄想！
我们人心振奋，斗志昂扬。
妇女都拿起来熔化的松脂，
勇敢的孩子为搬运石头奔忙。
你要变成岩石，变成堡垒，
前进，巴黎，我的同志啊，
你快拉动绳子把警钟敲响！
自卫吧，巴黎，自卫吧！

抛弃那腐朽的巴比伦，
悲愤充满我们的胸膛，
赶走那些娼妓和王朝，
赶走那些奴才和国王。
法国人的法兰西已被唤起。
你要重新成为九三年的火山，
在这恐怖的日子里。
自卫吧，巴黎，自卫吧！

巴黎公社

从东方到西方，啊，大地！你在震颤！
又到了三月十八日，就是这一天，
为了惩治那素有英雄传统的人民，
过去的凡尔赛向未来的巴黎寻衅。
二十年帝国统治的巴黎像巴比伦，
纸醉金迷，看来腐败得一蹶不振；
馨香的客厅但凭马蒂德作威作福，
酒臭的兵营一任梅特涅昂首阔步。
资产阶级掌握着全民投票和警棍，
恣意驱使人民，比对牛马还凶狠。
突然，如同在伟大的一七九三年，
号声响，它腰佩利剑，奔赴前沿，
人民的巴黎再次肩起巨人的重任，
使共和国避免一朝覆灭的厄运。
它一脚踢垮拜占庭式的没落帝国，
把波拿巴连同他的政府一举废黜。
在波尔多看来这些做法未免过分，
其实议会开张伊始就已蓄谋在心：
它要借助普鲁士人的长驱直入，

从巴黎迁都，砍掉革命的头颅！
大选从最反动落伍的阶层搜罗出
这批太古时代残留下的低级生物，
一八一五年和一八三零年的遗民，
一堆政治僵尸，不料又复辟还魂。
比教长还虔诚，但比豺狼更残忍，
这一点业经他们后来的行动证明。
为把一个糟老头儿塞进杜伊勒里，
这帮万恶的乡绅甚至会欢天喜地
交出四个阿尔萨斯、六个莱茵、
三百亿赔款，反正没什么了不起。
矮子梯也尔，这宗教会议的总管，
在策划一场新的特朗斯诺南街惨案；
他说："必须用恐怖手段对付贱民！
资产阶级对我这老朽如此地信任，
我知道他们匍匐在地迎接着救星，
而我就是来替他们解除危难的人。
我已在我一向攻击的普选中获胜，
我要继续舞弄红色魔影吓唬百姓，
造成混乱和流血，夺权才能成功！"
总之军队在凌晨向蒙玛特尔进攻。
面对这阴谋，千万颗心结成一体，
伟大的城市巴黎，宣告公社成立。

胜利啦！人民大众欢声雷动。
光华灿烂地展现着新的前景。
拨开帝国的迷雾，耻辱的云翳，
人们终于见到天日，扬眉吐气。
平等的蓝图开始在脑海中形成。
手中紧握武器，心里才会安宁。
"大家为人人，人人为大家，"

正义啊，公社把你的原则确认！
它作为未来社会秩序的榜样，
抹掉私有制，把劳动刻在门上。

啊，巴黎向你致敬！你驱散了
大地的混沌。
你变成无产者的头脑和灵魂，
同他们骨肉难分。

即使不通晓社会思想家的辞令，
人民也能领会精神。
当你说一无所有者要当家作主，
劳动者理解得最深。

每个人都为共同的事业全力以赴，
组织起公社联队，
老郊区工人穿起水兵服拿起枪，
前进，视死如归！

面容严峻的老人，你们是
公社战士的模范；
六月战败者，你们三个月的贫困
已延续了二十年。

啊，壮丽的公社，敌人咒骂你，
而在你的防线上，
共济会却树立起一面面大旗，
它光辉的标记。

在这次分娩中，妇女表现了
母亲特有的勇气。
她们爱你，为你献身，发挥出
暴风雨里闪电的威力。

有个偶像是法兰西致命的祸害，

拿破仑第一，
这科西嘉人，虚假的暴力之神，
已被打翻在地。

两个月你无法摧毁所有巴士底，
但你留下了法令。
食不果腹、衣不蔽体的劳苦大众
必将把它执行！

你未夺取银行，这是极大的错误！
你本应把它改造。
难道不明白：要让敌人投降，
就得解除他的武装！

那帮“正人君子”和他们的狐朋狗党，
喝尽我们的血，掏光我们的钱囊。
奸商、牧师、兵痞、流氓活该倒霉，
行窃被我们抓住，反倒贼喊捉贼！
我们是革命先辈培育的优秀子孙，
本应该高举红旗把敌巢彻底扫荡。
三月十八日夜晚我们却没这样做！
什么叫作报仇，我们还不大懂得！
轻饶了豺狼，这真是天大的过错！
努美亚、萨托利、凯恩的受害者，
请原谅我们对敌人过分的仁慈吧！
不久敌人像乌云压城，弹如雨下，
巴黎又笼罩在围城时期的恐怖中，
受伤的雄狮重又跌进同一个陷阱。
我该怎样描述你呢，流血的一周？
想起你，就看见一道红色的河流，
这红色的河流啊，依然热气腾腾，
是我们勇敢的人民的血把它汇成：
其中有被刽子手剖腹的妇女老汉，

还有被这些家伙践踏的死者伤员。
六月惨案相形之下只能算作儿戏，
因为不断进步的屠杀更换了工具；
抓到一个杀一个已经远不能尽兴，
使用机关枪大面积扫射方才过瘾。
公园当屠场，街心花园变成坟滩。

多亏上帝！鲁埃及其伙伴：
那些阴谋叛乱的将官，
还有那个传说中的矮鬼，
精心策划这一场政变。
为了再次炫耀武功，
他们把被拆掉的教父
重又树立在光荣柱之巅。
多亏上帝恢复了秩序！

多亏上帝！成群的妓女
撅着屁股，发髻蓬松，
在街头咖啡馆拉客，
当着我们家门卖弄风情。
柯拉·珀尔们生意兴盛，
使多少继承百万家资的
花花公子钱袋减轻。
多亏上帝恢复了秩序！

多亏上帝！这黑色的章鱼
又用它窒息人的长腕
攫住我们的儿女，
强使他们成为痴愚。
青年在摧残下凋萎；
又瘦又脏的婴儿
只能喝萨莱特的圣水。
多亏上帝恢复了秩序！

多亏上帝！银行主宰一切，
劳动者生活艰难：
死亡是他们的床铺，
贫困是他们的三餐。
在被贱视的人民身上，
一群镀金的寄生虫在爬动，
贪婪地吸着他们的血汗。
多亏上帝恢复了秩序！

多亏上帝我们才被榨尽骨髓；
上帝不就是压榨机上的螺旋？
要把旧世界打个落花流水，
必须把偶像和香炉砸烂。
诞生吧，正义！成长吧，科学！
一旦创造出你们，翻身的人民
就能问心无愧地声言：
多亏我才建立起秩序！

就算秩序恢复了吧！老财主！
你以为用屠杀就能修补好钱袋？
你以为公社当年打穿得墙壁
用七年功夫就能把弹洞堵塞？

秩序党和教会的大人先生们，
骨子里是宗教裁判官的资产者，
你们以为已把公社战士杀绝赶尽，
使我们落得阿尔比人同样的命运？

啊，被两罗马腐蚀待毙的旧世界，
充斥着假仁假义、媚骨奴颜，
你以为杀戮流放了十万人，
就能高枕无忧、长治久安？

由于不少英雄已牺牲在萨托利，
（不过他们虽死也是从容就义！）
你还在恶毒的报纸上给死者抹黑，
以便把误入歧途的历史再加歪曲；

由于你把成千上万的战败者
源源不断地流放到新卡莱多尼，
让他们在凶险的环境中痛苦挣扎，
忍受看守的拷打，还有渴和饥；

由于你把我们缺席判决死刑，
逼得我们四处流亡，无业为生，
你还把我们当作稻草人，遥指着，
借以迷惑群众，恐吓富裕阶层；

由于儒勒·法夫尔枪决了米利哀尔，
加森杀了两个假比约雷和穆瓦兰，
有识之士杜瓦尔、弗路朗斯、费雷、
德勒克吕兹、瓦尔兰都已不在人间：

由于高潮过后会出现一段低潮，
于是你说："万事大吉！可以安寝！
只要假装大赦来哄骗哄骗他们，
昨天的猛虎就会来舐我的脚跟。"

你自命"保守"。保守污垢和脂肪；
把贫困加于苦工，将富裕献给权贵。
恶贯满盈的魔鬼，你还想安睡？
你再也睡不成了，腐朽的旧社会！

管你准备多少士兵、教士、眼线，
任你合上血腥的双手向上帝求援，
念你的忏悔经，嘀咕你的信条吧，
警钟必将使你终宵战栗，不能入眠！

你休想再安睡！用再多的笔墨
也写不尽你尚未受惩罚的罪恶；
归结为一句话，就是人肉的筵席；
只有两个阵营：吃人者和被吃者！

你休想再安睡！我们绝不会推迟
惩罚你的时刻！它正大步走来。
当你的住房起火，任凭你去呼救，
火是扑不灭的，哪怕你舀干大海！

因为这不是石油，而是人民的愤怒
在燃烧！普天下人民都已怒火中烧。
让人们的怒火燃得更旺，直冲云霄！
这是伟大的火灾！全人类都起火了！

不悔罪就灭亡！抉择吧！火烧眉睫！
为了大众的幸福，我们和你斗争。
愿意吗？接受公社、红旗和平等；
只有这样，才能饶你的一条狗命！

社会的明天

——给图卢兹的公民拉吕

我们的社会是凄惨阴沉，
北风扑面打来，呼啸阵阵。
霜月霜冻，雪月雪深，
雨月雨多，风月风冷，
这些冬季最严酷的月份，
正是资产阶级统治的象征。
资产阶级统治已经将近百年，
深重的灾难是它赐予的恩典。
但是，既然我们已经看见，

正是芽月又把大地绿遍，
我们地球的芽月也会出现。
这就是我们社会的明天！

人类万众，大家将会看到，
刚刚苏醒过来，就繁忙热闹。
今天我们的心里仇恨不少，
到那时仇恨将会云散烟消。
每人醒来就尝到生活的甜头，
每人都有一份阳光可以享受！
我们的子孙后代将会看见，
婴儿如初放的花朵般新鲜，
仿佛花月的野蔷薇一样娇艳。
那将是玫瑰盛开的季节。
我们地球的花月也会出现。
这就是我们社会的明天！

再也没有战争，再也没有杀戮，
为了少数几个人的私利。
到那时，科学和文艺都欣欣向荣，
不论是在城市，还是在乡里。
公共所有的劳动工具和土地，
不再为个别人谋私利。
对于大工厂要加以缩减，
大家回来去耕耘农田，
牧月的牧草要去收割。
大自然从此光荣无限，
我们地球的芽月才算出现，
这就是我们社会的明天！

今天生活还是沉重的负担，
生活就是当牛作马，就是讨饭。
但是，公社却盛满了她的酒壶，

公社的声音，谁都注意听。
公社为全体人类斟酒，
博爱的美酒分外香甜。
光华熠熠的穑月已经来临，
人人都有愉快的逸致和闲情，
可以根据爱好对诗歌吟咏和品评。
一旦把资产阶级驱除干净，
穑月给大家一份丰硕的礼品，
地球的黄金时代就将来临！

人民之路

人民在自己的道路上前进，
从此勇往直前。
要把吃人的恶魔肃清；
前进！
人民在自己的道路上，
在“人民之路”上前进！

你要面包，你要住房，
但要高瞻远瞩地对待这个问题；
人民啊，新的思想鼓舞着你，
你要发起伟大的冲击。
无产者啊，你们要掌握国家和法律，
你们要夺取土地，
理由是：这是属于我们的！

快跑，冻僵的人们，快跑！
让你那面火红的旗帜，
像阳光一样闪耀，
让它迎着觉醒的晨风呼啦啦地飘。

你们是不屈不挠的潮汐，
淹没了眼光短浅的海堤，
激浪扬波，前进吧，战士们，
觉悟的无产阶级。

两个半球的劳动人民，
金发的德国人，黑发的西班牙人，
大家一齐行动，制止一切偷盗行径，
把战争判处死刑；
让我们夺回被老板盗去的工具，
夺回一切资源和发明，
我们要收割田里的麦子，
让我们向绿色的原野致敬。

请告诉一切即将诞生的人们，
但可别吓着他们：
“新人啊，公社用温暖柔软的摇篮，
欢迎每一个人。
在这正在解放的世界上，
最弱者和最强者完全平等，
他们将过着幸福的日子，
度过整整一生。”

长期被伤害的热情，
自由的日子，快乐的时光，
为了儿童、妇女和老人，
为了被压抑的胸膛，
科学摆开盛大的宴会，
让所有的人开怀痛饮、沐浴阳光，
口渴的人有成串的葡萄，
每颗心都能把爱情饱尝。

这是一条使所有挣脱枷锁的人们

都能就业的道路，
在这片肥沃的草原上，
寄生虫被全部清除。
为了把资产阶级送进坟墓，
这儿，把兄弟般的力量拧成一股，
应归功于瓦莱斯临终时
亲自选定的编辑部。

人民在自己的道路上前进，
勇往直前。
要把吃人的恶魔肃清；
前进！
人民在自己的道路上，
在“人民之路”上前进！

鲍狄埃大事年表

1816 年

• 10 月 4 日，诞生于巴黎圣安娜街 60 号一个制作木箱的工人家庭。

1826 年

• 由教会学校转入世俗小学学习。

1829 年

• 因家贫辍学，到父亲的作坊做工，开始了艰苦的童工生活。

1830 年

• 在七月革命的枪林弹雨中创作了第一首诗歌《自由万岁》。

1831 年

• 第一本诗集《少年诗神》出版，收入集内的有《自由万岁》《继续奔跑吧》《请在拨动你的琴弦》《最后的希望》等十六首早期作品。

1832 年

• 离开父亲的作坊到蒙马特尔城郊当小学的管理员。

1834 年

• 在当了短时间的纸店伙计后又回到木箱作坊做工。

1838 年

• 开始当印花布图案绘制工人。与勒留合作，为两家儿童剧院创作剧本。经常参加“三色诗友社”“赛诗会”“饮清水者”诗社及其他文艺社团的活动。

1840 年

• 在巴贝夫平均共产主义的影响下写出《是人各一份的时候了》一诗，在里昂等地工人群众中广为流传。

1847 年

• 8 月，创作《复活节的鸡蛋》等诗，抨击七月王朝。

• 2 月，参加二月革命的街垒战，并写出《人民》等诗，歌颂二月革命的街垒斗士。

• 3 月，用《我饿》等诗表达了对二月革命的失望。

• 2 月至 6 月，写作《该拆掉的老房子》《正直的共和国》《吸血鬼》《解闷》《分娩》等诗，批判资产阶级的共和政府，呼唤新的革命。《用歌曲作宣传》《芦笛》等诗作，表现了他的革命文艺观。

• 6 月 26 日，参加六月起义，手执武器与资产阶级进行殊死斗争，险遭牺牲。

• 6 月 30 日，满含悲愤地写了《1848 年 6 月》一诗，控诉资产者对无产阶级的残酷压榨与血腥镇压。

1849 年

• 六月起义失败，受到极大打击，得了脑溢血等病。创作的《工人合作社》《地球之死》等诗开始流露出傅立叶空想社会主义的思想。

1851 年

• 12 月 4 日，写作《谁将为她报仇》一诗，强烈反对专制暴政，参加反对波拿巴政变的行动。

1852 年

• 1 月，写作《帝国的游行》《拿破仑万岁》等诗，揭露路易 · 波拿巴。

1857 年

• 创作《被冻结的语言》《战争》等诗，谴责第二帝国的独裁统治和军国主义。

1859 年

• 写作反侵略战争的诗歌《拉巴里斯 · 拉塔布瓦尔》。

1867 年

• 创作《妇女的罢工》《兵营和森林》等诗，反对拿破仑三世的对外扩张，《面包的话》反映了人们生活的困苦。

1868 年

• 创作《1800 年的空想家》等诗。

1869 年

• 创作《唐 · 吉诃德》等诗。

1870 年

- 9 月 4 日，作为二区警备委员会代表，被选入二十区中央委员会。
- 9 月 18 日，创作《自卫吧，巴黎》一诗，表达人民群众保卫祖国的坚强信心。
- 11 月 1 日，创作《1870 年 10 月 31 日》一诗，歌颂 10 月 31 日的起义。创作《威廉和巴黎》一诗，表现了人民群众决不妥协的英雄气概。
- 12 月 13 日，创作《担架兵》，歌颂巴黎人民反对普鲁士侵略的英勇斗争。

1871 年

- 3 月 23 日，分别在二十区中央委员会、国际巴黎支部和工会联合会的致选民书上签名。
- 3 月 26 日，在二区作为工人阶级的候选人参加公社选举，但由于该区资产阶级力量的暂时强大而落选。
- 4 月 13 日，在巴黎艺术家大会上被选为主席团成员和大会副主席，并在会上作报告。
- 4 月 16 日，公社举行补充选举。在 3601 票中，以 3352 票当选为公社委员。
- 4 月 17 日，作为工艺美术界十名代表之一，当选为艺术家联合会委员会的委员。
- 4 月 20 日，任公社委员会会议执行副主席。
- 4 月 21 日，被任命为公社社会服务委员会委员。
- 6 月，在白色恐怖的高潮中，创作全世界无产阶级的歌——《国际歌》。同时写出《白色恐怖》一诗，揭露和控诉凡尔赛分子的残酷镇压。
- 7 月，携同妻子卡洛琳娜·贝蒂和三个孩子经由比利时流亡英国。在伦敦附近的格雷夫森德创作《难道你一点也不知道?》，控诉敌人的白色恐怖。

1872 年

- 创作有《劳苦的若望》等诗歌。

1873 年

- 5 月 16 日，秘密返回法国后，在巴黎写作讽刺诗《拉尔本先生》。
- 5 月 17 日，被巴黎资产阶级第四军事法庭缺席审判，判处死刑。稍后，带领全家和几位公社战士一道从英国移居美国波士顿。又相继到过纽约、帕特森、纽瓦克。先后当过绘图工和教员。

1874 年

• 积极参加第一国际法语支部的活动，创作了十四行诗《洒圣水者》等诗。

1875 年

• 12 月，加入由公社流亡者组成的共济会组织“平等派”。本年创作有《穆尼埃公民的墓前献诗》《蜘蛛网》等诗。

1876 年

• 3 月 18 日，在纽约创作长诗《巴黎公社》，用马克思主义的观点回顾了公社的斗争，总结了公社的经验教训。

• 7 月 17 日，在纽瓦克创作了长诗《美国工人致法国工人》，北美社会民主工党立即出版了该诗的单行本。这首诗后来获得列宁同志的高度评价。

1877 年

• 12 月 26 日，美国工人党在纽瓦克召开第二次全国代表大会，正式定名为“北美社会主义工人党”。鲍狄埃参加了这次大会，并在帕特森一个支部成立大会上发表演说。

1878 年

• 3 月，在纪念公社周年的一次大会上发表演说。

• 12 月 27 日，在帕特森举行的北美社会主义工人党的大会上发表演说。这一年创作了《工人代表大会》和长诗《工人党》。

1879 年

• 创作《公社走过的道路》等诗。

1880 年

• 9 月，重返法国，并立即参加了工人党。写作《一切还没有变》《失业》《大崩溃》《钱袋》《捉老鼠》等诗，表达诗人对法国现实的不满。本年创作还有《一八七一年的流亡者》《前进，工人阶级》《欢呼一万五千张选票》《穷苦的若望》等诗。

1881 年

• 去英国谋生。本年创作有《被掩盖的墙》《为兄弟们的健康干杯》

《政治经济学》《社会革命》等。

1882 年

• 返回法国。创作《采石工的寡妻》《饥荒制造者》《八号》《神圣的三位一体》等诗。

1883 年

• 5 月，创作《公社战士纪念碑》。

• 7 月，创作《丰产》。

• 8 月 22 日，参加有三百个竞争者的诗歌竞赛会，以诗歌《干什么行当吃什么饭》获第一名，得银质奖章。本年重要作品还有《热月的女儿》《社会大赦》等诗。

1884 年

• 3 月，创作《罢工》一诗，歌颂和声援昂赞罢工。

• 5 月 29 日，致信拉法格，简述了自己的生平。

• 10 月，参加文艺社团“霹雳”的活动。诗集《谁是狂人》出版。本年重要作品有《铁匠的梦》《起义者》《过剩》《靠我们养活的人们》《调查委员会》等诗。

1885 年

• 积极为《社会问题》杂志撰稿，相继发表《社会问题》《危机》《它并没有死亡》《十四周年》等。是年，重要作品还有《烤火吧，这是你自己的木柴》等诗。

1886 年

• 2 月，写了《羊群的复仇》一诗。捐款支援德卡兹维尔罢工工人，并写了《请慷慨捐助》一诗。

1887 年

• 2 月，为当时代表马克思主义路线的盖德派机关报《人民之路》的创刊而创作了《人民之路》一诗。同时为法国工人党中央的周刊《社会主义者》撰稿。

• 3 月，写作《纪念一八七一年三月十八日》一诗。在这一年，鲍狄埃最重要的作品集《革命歌集》在公社社员们的帮助下出版。《国际歌》收入本集，第一次正式发表。

• 11 月 6 日，因瘫痪症再次袭击逝世于拉里波阿蒂耶医院。

主要参考文献

1.《鲍狄埃评传》编写组．鲍狄埃评传．北京：人民文学出版社，1979.
2.《欧仁·鲍狄埃》编写组．欧仁·鲍狄埃．北京：人民出版社，1980.
3. 伍铁平编著．国际歌（注释和研究）．北京：外语教学与研究出版社，1982.
4.《科学社会主义概论》编写组．科学社会主义概论．北京：人民出版社，2011.
5. ［美］斯塔夫里阿诺斯著，吴象婴、梁赤民、董书慧等译．全球通史：从史前史到21世纪．北京：北京大学出版社，2012.
6. ［法］路易·马德林著，伍光建译．法国大革命史．北京：时代文艺出版社，2014.
7. 陈文海著．法国史．北京：人民出版社，2014.
8. ［英］阿克顿著，姚中秋译．法国大革命讲稿．北京：商务印书馆，2012.
9. 安立志．《国际歌》的前世今生．知识天地，2013（2）．
10. 彭西西．《国际歌》在中央革命根据地．兰台世界，2012（12）．
11. 张和增．国际悲歌歌一曲，狂飙为我从天落——瞿秋白与《国际歌》．党史文汇，2005（5）．
12. 张福山、周淑珍．瞿秋白在哈尔滨第一次听到《国际歌》．世纪桥，2002（2）．